Lecturas literarias

MOVING TOWARD LINGUISTIC AND CULTURAL FLUENCY THROUGH LITERATURE

Anne Lambright
Trinity College

Sharon W. Foerster

Ramonita Marcano-Ogando
University of Pennsylvania

Boston   Burr Ridge, IL   Dubuque, IA   Madison, WI   New York
San Francisco   St. Louis   Bangkok   Bogotá   Caracas   Kuala Lumpur
Lisbon   London   Madrid   Mexico City   Milan   Montreal   New Delhi
Santiago   Seoul   Singapore   Sydney   Taipei   Toronto

Higher Education

Lecturas literarias: Moving Toward Linguistic and Cultural Fluency Through Literature

Published by McGraw-Hill, a business unit of The McGraw-Hill Companies, Inc., 1221 Avenue of the Americas, New York, NY, 10020. Copyright © 2007 by The McGraw-Hill Companies, Inc. All rights reserved. No part of this publication may be reproduced or distributed in any form or by any means, or stored in a database or retrieval system, without the prior written consent of The McGraw-Hill Companies, Inc., including, but not limited to, in any network or other electronic storage or transmission, or broadcast for distance learning. Some ancillaries, including electronic and print components, may not be available to customers outside the United States.

This book is printed on acid-free paper

ISBN 0-07-321197-4   978-0-07-321197-8

Editor-in-chief: Emily G. Barosse
Publisher: William R. Glass
Director of Development: Scott Tinetti
Development Editor: Jennifer E. Kirk
Executive Marketing Manager: Nick Agnew
Project Manager: Roger Geissler

Designer and Cover Designer: Violeta Diaz
Art Editor: Emma Ghiselli
Supplement Producer: Louis Swaim
Compositor: Techbooks
Printer: Quad/Graphics, Dubuque

ABOUT THE COVER ARTIST AND HER ART   Heather Jarry, who received a B.A. in Fine Arts from the University of Texas in 1994, currently works as a freelance illustrator, puppeteer, and artist in Austin, Texas. She has lived in Spain, Guatemala, and Mexico and particularly enjoys depicting cultural scenes from the Hispanic world, some of which appear on the chapter-opening pages of *Punto y aparte*. As a puppeteer, she creates and presents marionette shows in both Spanish and English and was recently invited to perform at the International Puppetry Festival in Puerto Rico. To learn more about Heather and her work, visit her website at **www.heatherjarry.com**.

   The cover painting, *Hilos vivos*, mirrors the spiraling theme of past covers of *Punto y aparte* which contains the methodological framework also used in *Lecturas literarias*. It graphically depicts the central theme of that methodology, that through constant review and recycling of communicative functions students will spiral toward fluency. The individual cloth spirals, clockwise from the predominantly red one, represent the following regions of the Spanish-speaking world: (1) Panama (**mola**), (2) the Gulf Coast of Mexico, (3) Guatemala, (4) Chile (**arpillera**), (5) the interior of Mexico, (6) Seville, Spain (**mantón**), and (7) the Andean region.

Reading Credits: Page 2 Excerpts from *La colmena* by Camilo José Cela. © Heirs of Camilo José Cela; **12** "Rosamunda" from *La niña y otros relatos* by Carmen Laforet. © Heirs of Carmen Laforet, 1997; **24** "Con los ojos cerrados" by Reynaldo Arenas. Used by permission **35** Excerpts from *Tiempo muerto* by Avelino Stanley. Used by permission of the author; **46** Excerpt from *Mujeres de ojos grandes* by Angels Mastretta. © Angeles Mastretta; **55** Excerpts from *Querido Diego, te abraza Quiela* by Elena Poniatowska. © 1978, Ediciones Era, S.A. de C.V. Used by permission; **66** Excerpts from *La fiaca* by Ricardo Talesnik. Used by permission of the author; **78** Excerpt from *El cartero de Neruda* by Antonio Skármeta. © Antonio Skármeta, 1985; **89** "El banquete" by Julio Ribeyro. Used by permission of the heirs of Julio Ribeyro; **99** "El sueño del pongo" by José María Arguedas. Used by permission of Sybila Arredondo de Arguedas; **110** Excerpts from *Única mirando al mar*, Second Edition by Fernando Contreras Castro, Ediciones Farben, Grupo Editorial Norma, 2004, San Jose, Costa Rica. Used by permission; **120** "Pandora" from *Fugues* by Claribel Alegría, Curbstone Press 1993. Reprinted by permission of Curbstone Press. Distributed by Consortium.

Photo Credits: Page 1: © Digital Vision/PunchStock; **2:** Courtesy of Agencia Literaria Carmen Balcells; **11:** © Lavandeira, Jr/epa/Corbis; **23:** © Masterfile; **24:** Photo by Bernard Diederich/Time Life Pictures/Getty Images; **35:** Courtesy of Avelino Stanley; **45:** © Adalberto Rios Szalay/Sexto Sol/Getty Images; **46:** © Pedro Valtierra/Cuartoscuro.com; **55:** © Reuters/CORBIS; **65:** © Sexto Sol/Getty Images; **66:** Courtesy of Ricardo Talesnik; **78:** © BASSOULS SOPHIE/CORBIS SYGMA; **88:** © Adalberto Rios Szalay/Sexto Sol/Getty Images; **89:** Courtesy of Sra. Alida de Ribeyro, photograph by Víctor Flores Olea; **99:** © Constantino Dionisio Torres Moreyra; **109:** © Brand X Pictures/PunchStock; **110:** © Simón Bolívar; **120:** Courtesy of Politiken.

Library of Congress Cataloging-in-Publication Data

Lambright, Anne.
    Lecturas literarias: moving toward linguistic and cultural fluency through literature/Anne Lambright, Sharon W. Foerster, Ramonita Marcano-Ogando.
        p. cm.
    ISBN 978-0-07-321197-8 ISBN 0-07-321197-4 (softcover)
    1. Spanish language—Readers. I. Foerster, Sharon W. II. Marcano-Ogando, Ramonita. III. Title

PC4117.L326 2006
468.2'421—dc22

2006044425

www.mhhe.com

Contents

To the Instructor

Lecturas literarias: Moving Toward Linguistic and Cultural Fluency Through Literature was created for colleges and universities that want to offer a strong reading component at the intermediate level. As the readings are works by mostly canonical authors, this reader can also be used as an independent text in bridge courses or content-based conversation courses. It is designed to introduce students to the literature of all regions of the Spanish-speaking world, to focus on specific communicative language skills in theme-based contexts, to build vocabulary, to enhance reading strategies, to provide a wide range of writing activities, and to present key cultural concepts. In this sense, the text truly provides a means of moving toward linguistic and cultural fluency.

Instructors using *Punto y aparte: Spanish in Review, Moving Toward Fluency* will notice that the structure and focus of *Lecturas literarias* follow the *Punto y aparte* text and methodological approach. Thus, *Lecturas literarias* is an ideal accompaniment to the *Punto y aparte* text. The chapter readings are presented by region, in the order in which they appear in *Punto y aparte*: Spain, the Caribbean, Mexico, the Southern Cone, the Andes, and Central America. The themes and vocabulary associated with each chapter in *Punto y aparte* are reflected in the choice of readings for the corresponding chapters in *Lecturas literarias*. Reading strategies emphasized in *Punto y aparte* are also presented in the reader. Although many reading strategies can guide students as they approach foreign-language texts, we concentrate on "the three Vs": **Vocabulario en contexto**, **Visualización**, and **Verificación de comprensión.** We have placed consciousness-raising icons next to pertinent sections in each reading to aid students in working with those strategies. Finally, the seven communicative functions (**las siete metas comunicativas**) that are central to the *Punto y aparte* methodology are integrated into the reader as well. The **Siete metas comunicativas y los puntos clave** chart, with

the corresponding icons, appears on the inside front cover of this reader and can be used as a reminder of which grammatical structures are needed to express the seven communicative functions accurately.

Components

Chapter Opener

Each chapter-opening page includes the chapter title, a photo, a map of the country or region of focus, the titles and authors of the readings, and the communicative functions and aspects of literary analysis to be covered in that chapter. Every chapter is divided into two parts, one for each reading, with the same type of activities to accompany each reading.

Sobre la lectura briefly introduces the author and the work to be explored. Cultural or historical information may also be included to give students a better understanding of the context of the reading.

Antes de leer prepares students for each reading with three pre-reading activities. The first, **Para comentar,** features questions to activate students' existing knowledge about the theme of the reading. The second activity, **Vocabulario del tema,** has two steps, or **pasos.** The first step, **Palabras clave,** introduces students to nine key words—three nouns, three verbs, and three adjectives—that are crucial for discussing the reading. After studying the words and definitions, students complete a fill-in-the-blank activity that reveals the gist of the reading they are about to begin. The second step is **Vocabulario en contexto,** which offers different strategies for deciphering unknown vocabulary. This step may also point out vocabulary items that play an important role in the reading or words that deal with issues of regional dialect. Both **pasos** are done in pairs so that reading strategies can be shared through metalinguistic exchanges between students.

Visualización, the third pre-reading activity, lists the main characters of each reading. Students are reminded to visualize the physical and personality traits of each of these characters as they appear in the reading.

La lectura "The three Vs" reading strategies and accompanying icons are placed within the body of each reading and serve as a tool for helping students become accustomed to utilizing these three specific strategies for better reading:

VOCABULARIO **V**

VISUALIZAR **V**

VERIFICAR **V**

A **Vocabulario** icon in the margin alerts students to make educated guesses about a new vocabulary item, such as deciphering the word based on the context, relating it to a similar word they already know, looking it up in a dictionary, or ignoring it altogether. **Vizualizar** icons remind students to visualize the people, places, things, and situations described at that point in the reading. A **Verificar** icon and a set of short questions, positioned at logical break points within longer readings and at the end of most readings, encourage students to monitor their comprehension of the reading up to that point.

Después de leer The post-reading activities are numerous and varied, and we suggest that you pick and choose according to the interests of your students, the skills you want to practice, and the time constraints of the class.

- **Comprensión** activities consist of four **pasos. Paso 1** uses true/false, multiple-choice, and short-answer questions to check students' comprehension of the text. **Paso 2** is a paired activity in which students refer to the list of main characters in **Antes de leer** and write down several words they associate with each. This will prepare students for the more in-depth discussion that follows. In **Paso 3,** students are asked to complete sentences as if they were one of the characters in the text. **Paso 4** is a paired writing activity in which students briefly summarize the reading. The summary instructions vary for each reading. For example, students may be asked to write a diary entry of one of the characters, a newspaper report, or a movie review.
- The focus of the **Punto clave** section changes with each chapter and for the most part follows the sequence of the **metas comunicativas** in *Punto y apart*e:

  Capítulo 1: Comparación, Descripción
  Capítulo 2: Reacciones y recomendaciones
  Capítulo 3: Narración en el pasado

  Capítulo 4: Hablar de los gustos, Comparación
  Capítulo 5: Hacer hipótesis, Reacciones y recomendaciones
  Capítulo 6: Hablar del futuro

Students may refer to the **metas comunicativas** chart on the inside front cover as they work on this section and also to the short grammar explanations found in the appendix. Many of the examples in the grammar appendix make reference to the content of the twelve readings in the text.

- In **¡A dramatizar!,** two mini role plays are suggested for students to act out. The situations are based on the characters' dilemmas presented in the reading.
- With each reading, a different aspect of literary analysis (the use of dialogue, tone, narrative voice, and so forth) is presented in **Hacia el análisis literario.** Students are asked to apply this new knowledge for a deeper analysis of the reading as a creative work. The different topics of literary analysis are covered as follows:

  Capítulo 1: El punto de vista; el narrador
  Capítulo 2: La trama; el género, la etnicidad y la clase
  Capítulo 3: La narrativa como comentario social; el tono
  Capítulo 4: El diálogo; la caracterización
  Capítulo 5: La ironía; el tema
  Capítulo 6: La metáfora; la voz poética

- **Paso 1** of **Las siete metas comunicativas en contexto** requires students to write two or three sentences for each of the seven communicative functions, applying them to the context of the reading. **Paso 2** elicits a creative essay incorporating two or more of the sentences generated in **Paso 1.**
- **El editor exigente** is a writing activity, meant to give students practice in identifying and replicating the style and tone of a reading. Students are asked to play the part of the author, who has just received a request from his or her editor to make some changes to the manuscript. After students make the changes or additions, a few samples can be read aloud; students then choose the one that most closely mimics the style and tone of the author.

- In comparison to the **Para comentar** section found in **Antes de leer,** the **¡A conversar!** section should be more satisfying for both students and instructors. After reading the literary selection and working with the post-reading activities, students should be well prepared for a much more sophisticated discussion of the topics evoked by the reading.
- **Yo, poeta** is a creative activity in which students write a simple five-line poem called a *cinquain*. Instructions are given in the first reading, on page 11.
- **The final section, @ explorar un poco más,** gives students the opportunity to explore an important cultural or historical theme presented in the reading. This is an Internet or library research activity and can be used for individual or group projects or for final presentations.

A Few Words About Speaking Activities

Lecturas literarias lends itself beautifully to a content-based conversation class, as there are many and varied speaking and vocabulary building activities throughout. Each reading opens with discussion questions in **Antes de leer** that tap into students' existing knowledge about the main theme and **Después de leer** also includes four activities for conversation. **¡A dramatizar!** allows students to role-play dilemmas facing the reading's protagonists. **Paso 1** of **Las siete metas comunicativas en contexto** can be done as a speaking rather than a writing exercise. **¡A conversar!** provides thought-provoking topics inspired by the reading, and **@ explorar un poco más** calls for sharing information gleaned from an Internet search on a cultural or historical issue pertinent to the content of the reading.

A Few Words About Writing Activities

Lecturas literarias gives students the opportunity to practice a variety of writing styles. For easy identification, the four writing activities in each chapter are marked with a pencil icon. The first, a paired writing activity that is done in class, is *summary writing,* with varying instructions for each reading. Because students tend to do better work if they know their writing will be viewed by others, these summaries could be posted on Blackboard, WebCT, or another course management system for all students to read and review. The second recurring writing activity is **Paso 2** of **Las siete metas comunicativas en contexto,** a *creative writing* exercise in which students choose two or more of the entries in **Paso 1** and incorporate them into a creative essay of their choice. The third is practice in *stylistic writing* found in the **El editor exigente** activity, in which students write an additional paragraph or two imitating the style and tone of the author. These can also be posted anonymously in your course management system or read aloud so students may choose the one that best imitates both the style and the tone of the author. The last recurring writing exercise is *report writing,* which follows the Internet activity **@ explorar un poco más,** in which students share information, take notes, and then write a brief report on the subject explored.

We hope that the linguistic support, stimulating content, and flexibility of *Lecturas literarias* will enable you to move your students toward linguistic and cultural fluency as they advance in their reading, writing, and speaking abilities in Spanish.

To the Student

Welcome to *Lecturas literarias: Moving Toward Linguistic and Cultural Literacy Through Literature,* a new reader designed for intermediate high–level Spanish students. Our goal is to make reading in Spanish an enjoyable and satisfying experience. By guiding you through each reading with preliminary activities (**Antes de leer**), built-in reading strategies placed throughout the selection itself, and a great variety of post-reading activities (**Después de leer**), we hope to build your confidence and enhance your ability to discuss and write about literary works from the Hispanic world.

Although many reading strategies can guide you as you approach foreign language texts, we concentrate on three. We refer to these strategies as "the three Vs": **Vocabulario en contexto, Visualización,** and **Verificación de comprensión.** We have placed distinctive icons within each reading to remind you to utilize these specific strategies as you read.

Vocabulario en contexto   In each reading, VOCABULARIO a few vocabulary words are underlined as a reminder that you have choices on how to approach unknown words. You can try to decipher an underlined word based on the context in which it appears, figure it out by relating it to similar words you already know, look it up in the dictionary, or ignore it altogether if its meaning does not seem critical to understanding the paragraph in which it is found.

Visualización   Certain descriptive passages VISUALIZAR in the reading are marked by this icon to remind you to visualize in detail the character(s), the setting, or the action being described.

Verificación de comprensión   The readings VERIFICAR are divided into two or three sections separated by a short series of brief **Verificar** questions placed at logical break points. This is done to encourage you to monitor your comprehension of the reading up to that point.

If you are using *Punto y aparte: Spanish in Review, Moving Toward Fluency* as your main textbook, you will be familiar with the **siete metas comunicativas** that are central to the *Punto y aparte* methodology. If this concept is new to you, you will notice that the grammar in the reader focuses on seven major communicative functions in Spanish: describing, comparing, reacting and recommending, narrating in the past, talking about likes and dislikes, hypothesizing, and talking about the future. This emphasis on communicative functions is supported by constant recycling of the grammatical structures needed to accurately and successfully perform these functions. To facilitate your growing ability to communicate effectively in Spanish, seven icons will remind you with which function you are working. For example, when you see a **D** next to an activity, you know that you are working with description and that, in order to describe well, you must keep in mind the rules for gender and number agreement, the appropriate uses of **ser** and **estar,** and perhaps the use of past participles as adjectives. The communicative functions (**las metas comunicativas**), and grammatical structures (**los puntos clave**) will serve as a reference for those familiar with the *Punto y aparte* methodology and as an introduction to the concept for students using this reader independently of the main text. (Please see the inside front cover for a full display of the icons, the communicative functions, and the grammatical structures that accompany the functions.) You will also find brief explanations of those grammar structures in the appendix.

Finally, to fully understand the sections called **Sobre la lectura** and **Hacia el análisis literario,** you should be familiar with the vocabulary you'll need to discuss literary genres, style, tone, plot, and characterization. Fortunately, most of these words are cognates. Look over the on the inside back cover list to make sure you know these words' meanings as they relate to literary analysis.

We hope you will find the readings we have chosen enjoyable and thought-provoking, and we are certain that they will be valuable as you continue to move toward fluency in Spanish.

About the Authors

Anne Lambright is Associate Professor of Modern Languages and Literature in the Hispanic Studies Program at Trinity College in Hartford, Connecticut. She earned her Ph.D. in Latin American Literature from the University of Texas at Austin. Her research and teaching focus on contemporary Latin American literature, Andean literature and culture, **indigenismo,** and Latin American women's writing—areas of interest in which she has published several articles. Her book *Creating the Hybrid Intellectual: Subject, Space, and the Feminine in the Narrative of José María Arguedas* is forthcoming in English with the Bucknell University Press and in Spanish with the Instituto de Estudios Peruanos. Another book, *Unfolding the City: Women Write the City in Latin America,* co-edited with Elisabeth Guerrero, is forthcoming with the University of Minnesota Press.

Sharon Wilson Foerster retired from the University of Texas at Austin in 2001, where she was the Coordinator of Lower-Division Courses in the Department of Spanish and Portuguese, directing the first- and second-year Spanish language program and training graduate assistant instructors. She continues to teach in the Spanish Summer Language School at Middlebury College in Vermont. She received her Ph.D. in Intercultural Communications from the University of Texas in 1981. Before joining the faculty at the University of Texas, she was Director of the Center for Cross-Cultural Study in Seville, Spain, for four years. She continues her involvement in study abroad through her work as Director of the Spanish Teaching Institute and as Academic Advisor for Academic Programs International. She is the co-author of *Punto y aparte: Spanish in Review, Moving Toward Fluency* (1999, 2003, 2007), *Metas comunicativas para maestros* (1999), *Metas comunicativas para negocios* (1998), and *Supplementary Materials to accompany Puntos de partida* (1989, 1993, 1997, 2001, 2004).

Ramonita Marcano-Ogando is Lecturer in Foreign Languages and Director of the Spanish Language program at the University of Pennsylvania. She earned her M.A. in French and Ph.D. in Spanish from Rutgers University. Her research interests include contemporary Latin American poetry, with a particular focus on Caribbean poetry. She has presented several papers and workshops related to literature as well as to the field of foreign language teaching pedagogy.

Capítulo 1

Perspectivas, percepciones e impresiones

El Palacio de Comunicaciones, Madrid, España

En este capítulo...

Lectura I:
«Rosamunda»
por Carmen Laforet

Meta comunicativa:
Comparación

Análisis literario:
El punto de vista

Lectura II:
La colmena (selecciones)
por Camilo José Cela

Meta comunicativa:
Descripción

Análisis literario:
El narrador

el Mar Cantábrico

FRANCIA

Galicia
Bilbao
Santiago de Compostela
el País Vasco
Pamplona
Navarra
Cataluña

el Océano Atlántico

PORTUGAL

Salamanca

Barcelona

Madrid
Madrid
Toledo

Menorca
Mallorca

Valencia

Extremadura
Mérida
ESPAÑA
Buñol
Valencia

Ibiza

las Islas Baleares
el Mar Mediterráneo

Córdoba
Andalucía

Sevilla
Granada

las Islas Canarias
Tenerife

Las Palmas de
Gran Canaria

Lectura I: «Rosamunda»
Carmen Laforet

Carmen Laforet, renombrada cuentista y novelista española, nació en Barcelona en 1921 y murió en Madrid en 2004. A la edad de 24 años ganó el prestigioso Premio Nadal por su primera novela, titulada *Nada* (1944). En esta novela Laforet relata la vida de una joven estudiante universitaria en Barcelona después de la Guerra Civil española. Su obra gira normalmente en torno a personajes femeninos. Por lo general privilegia la caracterización y psicología de sus personajes sobre la historia que cuenta.

En «Rosamunda», por ejemplo, la autora resalta (*emphasizes*) el estado psicológico y emocional de la protagonista, Rosamunda, una mujer abatida (*dejected*) por la vida doméstica y por la cruel y monótona realidad que le robó sus sueños de ser poeta. El cuento se narra en un tren mientras Rosamunda conversa con un joven soldado y «viaja» entre la realidad y la fantasía. Se ve con más detalle cómo es Rosamunda, cuáles son sus sueños y cuáles son los obstáculos que encuentra en su camino.

Antes de leer

A. Para comentar   Conversen sobre las siguientes preguntas en grupos pequeños.

1. ¿Tiene Ud. la tendencia de conversar con gente desconocida cuando viaja por tren, autobús o avión? ¿Por qué?

2. ¿Conoció alguna vez en una fiesta o durante un viaje a una persona que le contó algo personal que le pareció exagerado o pura mentira? ¿Qué le contó? ¿Qué le dijo Ud. a esta persona?

3. ¿Ha Ud. mentido alguna vez acerca de su propia vida, al hablar con una persona desconocida?

B. Vocabulario del tema

Paso 1 Palabras clave   Estudie la ficha del vocabulario útil para comprender y conversar sobre la lectura. Después, en parejas, completen las oraciones con la palabra apropiada, según el contexto.

el ahogo *suffocation*	**el desamparo** *despair*	**la paliza** *beating*
amargarse *to become bitter*	**encerrar** *to lock up*	**ruborizarse** *to blush*
asombroso/a *amazing*	**pálido/a** *pale*	**rodeado/a** *surrounded*

1. Rosamunda viajó en tren hacia el Sur —otra vez a su casa donde la esperaba _____ de su patio cerrado y la incomprensión de su marido.

2. Hablaba con un joven soldado, un muchacho _____ que se parecía a su hijo muerto.

3. Rosamunda, vestida con un traje verde muy viejo y unas viejas zapatillas de baile, empezó a hablarle al soldado sobre su belleza, su pasión por el arte y su vida de poetisa —escuchando su tono imperioso, el soldado _____.

4. Habló también de su marido, un hombre brutal que la _____ años y años sin dejarla seguir una vida _____ de sus admiradores.

5. Cuando murió su hijo, Rosamunda viajó a la gran ciudad de su juventud, pero ahora volvía a su marido que le pidió perdón por las _____ y los abusos anteriores.

Paso 2 Vocabulario en contexto   Es importante observar cómo algunas palabras se forman a partir de otras. Con la misma raíz se pueden formar sustantivos, verbos y adjetivos al añadir o cambiar los sufijos o prefijos. En el siguiente ejercicio, trabajen en parejas para determinar si los espacios en blanco requieren un sustantivo (**S**), un verbo (**V**) o un adjetivo (**A**). Escriban la letra **S**, **V** o **A** debajo de cada espacio en blanco. Luego, escojan la palabra apropiada de la lista que se encuentra en el siguiente cuadro.

SUSTANTIVOS	VERBOS	ADJETIVOS
el drama	dramatizar	dramático/a
el encierro	encerrar	encerrado/a
el éxito	tener éxito	exitoso/a
el halago	halagar	halagado/a
el rodeo	rodear	rodeado/a
la ruina	arruinar	arruinado/a

«Rosamunda tenía un gran talento _____. Llegó a actuar con
                                          1
_____ brillante. Además era poetisa. Tuvo ya cierta fama desde su
      2
juventud… Imagínese, casi una niña, _____, mimada por la vida y, de pronto, una catástrofe… El amor… ¿Le he dicho a usted que era famosa? Tenía 16 años apenas, pero la _____ por todas partes los
                                                              3
admiradores. En uno de los recitales de poesía, vio al hombre que causó su _____. A… A mi marido, pues Rosamunda, como usted compren-
          4
derá, soy yo. Me casé sin saber lo que hacía, con un hombre brutal, sórdido y celoso. Me tuvo _____ años y años. ¡Yo!… Aquella mariposa
                                  5
de oro que era yo… ¿Entiende?»

C. Visualización Mientras lee, trate de visualizar la apariencia física y los rasgos de personalidad de los siguientes personajes.

- Rosamunda, la protagonista
- el soldado
- el marido de Rosamunda
- Florisel, el hijo de Rosamunda

«Rosamunda»

1 Estaba amaneciendo,[1] al fin. El departamento de tercera clase olía a <u>cansancio</u>,* a tabaco y a botas de soldado. Ahora se salía de la noche como de un gran túnel y se podía ver a la gente acurrucada,[2] dormidos hombres y mujeres en sus asientos duros. Era aquel un incómodo vagón-tranvía, con el

5 pasillo atestado[3] de cestas[4] y maletas. Por las ventanillas se veía el campo y la raya plateada[5] del mar.

Rosamunda se despertó. Todavía se hizo una ilusión placentera al ver la luz entre sus pestañas semicerradas. Luego comprobó que su cabeza colgaba hacia atrás, apoyada en el respaldo[6] del asiento y que tenía la boca seca de

10 llevarla abierta. Se rehizo,[7] enderezándose.[8] Le dolía el cuello —su largo cuello marchito[9]—. Echó una mirada a su alrededor y se sintió <u>aliviada</u> al ver que dormían sus compañeros de viaje. Sintió ganas de estirar[10] las piernas entumecidas[11] —el tren traqueteaba,[12] pitaba[13]—. Salió con grandes precauciones, para no despertar, para no molestar, «con pasos de hada[14]»—

15 pensó—, hasta la plataforma.

El día era glorioso. Apenas se notaba el frío del amanecer. Se veía el mar entre naranjos.[15] Ella se quedó como hipnotizada por el profundo verde de los árboles, por el claro horizonte de agua.

¿Quién(es)? ¿Dónde? ¿Qué pasó?

—«Los odiados, odiados naranjos… Las odiadas palmeras[16]… El

20 maravilloso mar… »

—¿Qué decía usted?

A su lado estaba un soldadillo. Un muchachito pálido. Parecía bien educado. Se parecía a su hijo. A un hijo suyo que se había muerto. No al que vivía; al que vivía, no, de ninguna manera.

25 —No sé si será usted capaz de entenderme —dijo, con cierta altivez[17]—. Estaba recordando unos versos míos. Pero si usted quiere, no tengo inconveniente en recitar…

El muchacho estaba asombrado. Veía a una mujer ya mayor, flaca, con profundas ojeras.[18] El cabello oxigenado,[19] el traje de color verde, muy

30 viejo. Los pies calzados en unas viejas zapatillas de baile…, sí, unas

---

[1]*dawning* [2]*curled up* [3]*lleno* [4]*baskets* [5]*raya… silvery line* [6]*back* [7]*Se… She composed herself* [8]*straightening up* [9]*withered* [10]*stretching* [11]*dormidas* [12]*rumbled along* [13]*blowing its whistle* [14]*pasos… fairy steps* [15]*orange trees* [16]*palm trees* [17]*arrogancia* [18]*bags under her eyes* [19]*bleached blonde*

***Vocabulario** icons in the margin refer to words and phrases underlined within the text.

asombrosas zapatillas de baile, color de plata, y en el pelo una cinta[20]
plateada también, atada con un lacito[21]… Hacía mucho que él la observaba.[v]*

—¿Qué decide usted? —preguntó Rosamunda, impaciente—. ¿Le gusta o
no oír recitar?

35   —Sí, a mí…

El muchacho no se reía porque le daba pena mirarla. Quizá más tarde
se reiría. Además, él tenía interés porque era joven, curioso. Había visto
pocas cosas en su vida y deseaba conocer más. Aquello era una aventura.
Miró a Rosamunda y la vio soñadora.[22] Entornaba[23] los ojos azules.

40 Miraba al mar.

—¡Qué difícil es la vida!

Aquella mujer era asombrosa. Ahora había dicho esto con los ojos llenos
de lágrimas.

—Si usted supiera, joven… Si usted supiera lo que este amanecer

45 significa para mí, me disculparía. Este correr hacia el Sur. Otra vez hacia el
Sur… Otra vez a mi casa. Otra vez a sentir ese ahogo de mi patio cerrado,
de la incomprensión de mi esposo… No se sonría usted, hijo mío; usted
no sabe nada de lo que puede ser la vida de una mujer como yo. Este tor-
mento infinito… Usted dirá que por qué le cuento todo esto, por qué

50 tengo ganas de hacer confidencias, yo, que soy de naturaleza reservada…
Pues, porque ahora mismo, al hablarle, me he dado cuenta de que tiene
usted corazón y sentimiento y porque esto es mi confesión. Porque, después de usted, me espera, como quien dice la, tumba… El no poder hablar
ya a ningún ser humano…, a ningún ser humano que me entienda.

(continúa)

[20]*ribbon* [21]*little bow* [22]*a dreamer* [23]*She half closed*

***Visualizar** icons refer to words and phrases followed by a superscript *v.*

Se calló, cansada, quizá, por un momento. El tren corría, corría... El aire se iba haciendo cálido,[24] dorado.[25] Amenazaba[26] un día terrible de calor.

¿Quién(es)? ¿Dónde? ¿Qué pasó?

—Voy a empezar a usted mi historia, pues creo que le interesa... Sí. Figúrese usted una joven rubia, de grandes ojos azules, una joven apasionada por el arte... De nombre, Rosamunda... Rosamunda, ¿ha oído?... Digo que si ha oído mi nombre y qué le parece.

El soldado se ruborizó ante el tono imperioso.

—Me parece bien... bien.

—Rosamunda... —continuó ella, un poco vacilante.

Su verdadero nombre era Felisa; pero, no sabe por qué, lo aborrecía.[27] En su interior siempre había sido Rosamunda, desde los tiempos de su adolescencia. Aquel Rosamunda se había convertido en la fórmula mágica que la salvaba de la estrechez[28] de su casa, de la monotonía de sus horas; aquel Rosamunda convirtió al novio zafio[29] y colorado en un príncipe de leyenda.[30] Rosamunda era para ella un nombre <u>amado</u>, de calidades exquisitas... Pero ¿para qué explicar al joven tantas cosas?

—Rosamunda tenía un gran talento dramático. Llegó a actuar con éxito brillante. Además, era poetisa. Tuvo ya cierta fama desde su juventud... Imagínese, casi una niña, halagada, mimada por la vida y, de pronto, una catástrofe... El amor... ¿Le he dicho a usted que era ella famosa? Tenía dieciséis años apenas, pero la <u>rodeaban</u> por todas partes los admiradores. En uno de los recitales de poesía, vio al hombre que causó su ruina. A... A mi marido, pues Rosamunda, como usted comprenderá, soy yo. Me casé sin saber lo que hacía, con un hombre brutal, sórdido y celoso. Me tuvo encerrada años y años. ¡Yo!... Aquella mariposa de oro que era yo... ¿Entiende?[V]

(Sí, se había casado, si no a los dieciséis años, a los veintitrés; pero ¡al fin y al cabo!... Y era verdad que le había conocido un día que recitó versos en casa de una amiga. Él era carnicero.[31] Pero, a este muchacho, ¿se le podían contar cosas así? Lo cierto era aquel sufrimiento suyo, de tantos años. No había podido ni recitar un solo verso, ni aludir a sus pasados éxitos —éxitos quizá inventados, ya que no se acordaba bien; pero...—. Su mismo hijo solía decirle que se volvería loca de pensar y llorar tanto. Era peor esto que las palizas y los gritos de él cuando llegaba borracho. No tuvo a nadie más que al hijo aquél, porque las hijas fueron descaradas[32] y necias,[33] y se reían de ella, y el otro hijo, igual que su marido, había intentado hasta encerrarla.)

—Tuve un hijo único. Un solo hijo. ¿Se da cuenta? Le puse[34] Florisel... Crecía delgadito, pálido, así como usted. Por eso quizá le cuento a usted

---

[24]*warm* [25]*golden* [26]*It was going to be* [27]*odiaba* [28]*narrowness* [29]*clumsy* [30]*legend* [31]*butcher*
[32]*shameless* [33]*foolish* [34]*Le... I named him*

estas cosas. Yo le contaba mi magnífica vida anterior. Sólo él sabía que con-
servaba un traje de gasa,[35] todos mis collares… Y él me escuchaba, me escuchaba… como usted ahora, embobado.[36]

¿Quién(es)? ¿Dónde? ¿Qué pasó?

Rosamunda sonrió. Sí el joven la escuchaba absorto.

—Este hijo se me murió. Yo no lo pude resistir… Él era lo único que me
ataba[37] a aquella casa. Tuve un arranque,[38] cogí mis maletas y me volví a la
gran ciudad de mi juventud[39] y de mis éxitos… ¡Ay! He pasado unos días
maravillosos y amargos. Fui acogida con entusiasmo, aclamada de nuevo por
el público, de nuevo adorada… ¿Comprende mi tragedia? Porque mi marido,
al enterarse[40] de esto, empezó a escribirme cartas tristes y desgarradoras:[41]
no podía vivir sin mí. No puede, el pobre. Además es el padre de Florisel,
y el recuerdo del hijo perdido estaba en el fondo de todos mis triunfos,
amargándome.

El muchacho veía animarse por momentos a aquella figura flaca y
estrafalaria[42] que era la mujer. Habló mucho. Evocó un hotel fantástico, el
lujo derrochado[43] en el teatro el día de su «reaparición»; evocó ovaciones
delirantes y su propia figura, una figura de «sílfide[44] cansada»,
recibiéndolas.

—Y, sin embargo, ahora vuelvo a mi deber… Repartí mi fortuna entre los
pobres y vuelvo al lado de mi marido como quien va a un sepulcro.

Rosamunda volvió a quedarse triste. Sus pendientes[45] eran largos,
baratos; la brisa los hacía ondular… Se sintió desdichada,[46] muy «gran
dama»… Había olvidado aquellos terribles días sin pan en la ciudad
grande. Las burlas[47] de sus amistades ante su traje de gasa, sus abalorios[48]
y sus proyectos fantásticos. Había olvidado aquel largo comedor con mesas de pino cepillado,[49] donde había comido el pan de los pobres entre
mendigos[50] de broncas toses.[51] Sus llantos, su terror en el absoluto desam-
paro de tantas horas en que hasta los insultos de su marido había echado
de menos.[52] Sus besos a aquella carta del marido en que, en su estilo
tosco[53] y autoritario a la vez, recordando al hijo muerto, le pedía perdón y
la perdonaba.[v]

El soldado se quedó mirándola. ¡Qué tipo más raro, Dios mío! No cabía
duda[54] de que estaba loca la pobre… Ahora le sonreía… Le faltaban dos
dientes.

El tren se iba deteniendo[55] en una estación del camino. Era la hora del
desayuno, de la fonda[56] de la estación venía un olor apetitoso… Rosamunda
miraba hacia los vendedores de rosquillas.[57]

(continúa)

---

[35]*chiffon* [36]*dumbstruck* [37]*tied* [38]*outburst* [39]*youth* [40]al… *upon finding out* [41]*heart-rending*
[42]*eccentric* [43]lujo… *luxury squandered* [44]*fairy* [45]*earrings* [46]*desafortunada* [47]*mockeries* [48]*glass
beads* [49]*brushed* [50]*beggars* [51]de… *coughing hoarsely* [52]había… *she had missed* [53]*crude*
[54]No… *There was no doubt* [55]*coming to a stop* [56]*restaurant* [57]*fritters*

—¿Me permite usted convidarla,[58] señora?

En la mente del soldadito empezaba a insinuarse una divertida historia. ¿Y si contara a sus amigos que había encontrado en el tren una mujer estupenda y que...?

135   —¿Convidarme? Muy bien, joven... Quizá sea la última persona que me convide... Y no me trate con tanto respeto, por favor. Puede usted llamarme Rosamunda... no he de[59] enfadarme por eso.

¿Quién(es)? ¿Dónde? ¿Qué pasó?

---

[58]*to treat you*   [59]*no... there's no reason to*

Después de leer

A. Comprensión

Paso 1   Indique si las siguientes oraciones son ciertas (**C**) o falsas (**F**). Corrija las oraciones falsas e indique qué parte del texto apoya su respuesta.

1. ___C___ Rosamunda viajaba muy cómodamente en el tren.
2. ___C___ El soldadillo que iba en el tren era su hijo.
3. ___F___ Rosamunda no era joven y llevaba ropa muy elegante.
4. ___C___ Ella hablaba con el soldado porque él le inspiró confianza.
5. ___F___ El verdadero nombre de la mujer era Rosamunda.
6. ___C___ Ella tenía talento para el teatro y la poesía.
7. ___F___ Su esposo era una especie de príncipe en realidad.
8. ___C___ La protagonista fue víctima de la violencia doméstica.
9. _____ La expresión «mariposa de oro» no es apropiada para describirla.
10. _____ Todos sus hijos la querían y respetaban.
11. _____ El joven soldado la escuchaba con interés.
12. _____ Rosamunda triunfó como poeta en la «gran ciudad».
13. _____ El soldado la invitó a desayunar.

Paso 2   Con un compañero / una compañera, vuelvan a la lista de personajes que se encuentra en **Antes de leer.** Escriban una lista de palabras o expresiones que Uds. asocian con cada personaje.

Paso 3   Complete las siguientes oraciones como si Ud. fuera Rosamunda. Comparta sus oraciones con su compañero/a.

1. Cuando recito poesía me siento...
2. Después de casarme, mi vida...
3. La verdad es que mis años en «la gran ciudad» no fueron...

Paso 4 En parejas, hagan un breve resumen del encuentro entre el soldado y Rosamunda. Escríbanlo como si fuera una entrada en el diario del soldado.

B. Punto clave: Comparación

Haga seis comparaciones entre la vida de Felisa (la realidad) y la de Rosamunda (la fantasía). Compare a los hijos, la carrera en la gran ciudad y al marido de cada una.

C. ¡A dramatizar! En parejas, dramaticen una de las siguientes situaciones.

Situación 1: En uno de sus recitales de poesía, Rosamunda conoce a un hombre persistente que trata de convencerla de que se case con él.

Rosamunda: Ud. está muy halagada con la atención de tantos admiradores. No tiene ninguna intención de casarse con nadie. Hable con este pretendiente con una actitud impaciente y presumida.

El pretendiente (suitor): Ud. está totalmente encaprichado (*infatuated*) con la belleza y el talento de Rosamunda. Ud. es rico, un poco pesado, pero tiene carácter dulce y la tendencia de decir cosas cursis.

Situación 2: Rosamunda vuelve a su pueblo para hablar con su marido sobre las condiciones bajo las cuales se quedaría con él.

Rosamunda: Ud. ha llegado al pueblo con una nueva fuerza. Exprese sus deseos y demandas con claridad y firmeza.

El marido: Ud. quiere que Rosamunda se quede porque no puede vivir sin ella. Trate de convencerla de que Ud. ha cambiado y de que jamás volverá a hacerle daño.

D. Hacia el análisis literario: El punto de vista

El punto de vista es la perspectiva desde la que se narra una historia. Es uno de los varios recursos literarios que se puede usar para deducir (*figure out*) el tema de la obra. Puede haber varios puntos de vista dentro de una misma obra, ya que a menudo la información que recibe el lector proviene de diferentes fuentes (el narrador / la narradora u otros personajes).

Los tres puntos de vista en «Rosamunda» son el de Rosamunda, el del soldado y el del narrador omnisciente. Conteste las siguientes preguntas sobre estos tres puntos de vista.

1. ¿Cuál es el punto de vista de cada uno acerca de Rosamunda y su situación?

2. Vuelva a leer el cuento y seleccione dos o tres oraciones o frases que mejor revelen cada punto de vista.

3. ¿De qué manera concuerdan (*concur*) los tres puntos de vista? ¿En qué se contradicen?

4. Elimine uno de los puntos de vista de la historia. ¿Cómo cambia la manera en que entendemos a Rosamunda y su situación?

5. En su opinión, ¿cuál es el punto de vista más importante de la historia? ¿y el menos importante? Explique.

6. Vuelva a contar la historia desde el punto de vista que, en su opinión, es el menos importante. Añada los detalles necesarios para completar la historia. ¿Cómo cambia la historia al contarla desde ese punto de vista?

E. Las siete metas comunicativas en contexto

Paso 1 Escriba dos o tres oraciones para cada meta comunicativa. Preste atención a los puntos gramaticales que debe utilizar para hacer oraciones precisas.

1. Describa con sus propias palabras al marido de Rosamunda.

2. Haga una comparación entre la vida de Rosamunda en la gran ciudad y su vida en el pueblo al sur de España.

3. Imagínese que Ud. es el joven soldado que, después de dos semanas, decide escribirle a su nueva amiga. Escríbale a Rosamunda dos reacciones ante su situación y dos recomendaciones.

4. Piense en el hijo que murió. ¿Cómo era? ¿Cómo murió? ¿Cómo se sintió Rosamunda cuando murió?

5. ¿Qué le interesa a Rosamunda? ¿Qué le apasiona? ¿Qué le preocupa? ¿Qué le fastidia de su vida?

6. Si Ud. pudiera darle a Rosamunda un regalo, ¿qué le daría? ¿Por qué cree Ud. que este regalo le gustaría?

7. ¿Qué le pasará a Rosamunda cuando regrese a su familia? ¿Tendrá su ausencia algún efecto en sus relaciones con su marido y con sus hijos?

Paso 2 Incorpore las ideas de por lo menos dos de las preguntas o afirmaciones anteriores para escribir una composición creativa que explore los temas principales de la lectura.

F. El editor exigente   Un editor lee el cuento y le sugiere a la autora unos cambios:

«Me gustaría saber algo más sobre el admirador con quien Felisa (Rosamunda) se casó y algo sobre su noviazgo (*courtship*). ¿Por qué se casó con él si tenía tan mal carácter?»

Escriba uno o dos párrafos en los que Felisa (Rosamunda) rememore el noviazgo con su esposo. Mantenga el tono y el estilo del cuento.

G. ¡A conversar!   Conversen sobre los siguientes temas en parejas.

1. Imagínese que Ud. y su mejor amigo/a se separan después de graduarse de la universidad. Cinco años más tarde se encuentran. Cuéntele sobre la pareja maravillosa que Ud. tiene ahora. Exagere su historia de amor para impresionar a su amigo/a.

2. Piense en algo que le ocurrió en el pasado. Comparta su historia con su compañero/a. Luego él o ella le contará su historia a otra persona de la clase, pero cambiará algunos detalles para hacerla más interesante.

3. Por diferentes pistas (*clues*) que se encuentran en la historia, se puede deducir que Rosamunda ha sido víctima de la violencia doméstica. ¿Cree Ud. que la violencia doméstica es un problema serio hoy en día en su comunidad? ¿Cuáles son las consecuencias para las víctimas? ¿y para los hijos de las víctimas? ¿Qué se puede hacer para resolver el problema?

H. Yo, poeta   ¡Sea creativo/a! Trabajen solos/as o en parejas para crear un poema sencillo de tipo «quintilla». Vean la descripción de una quintilla y el siguiente modelo. Luego, escriban una quintilla sobre uno de los siguientes temas: el soldado, la fama, la violencia doméstica.

Este tipo de poema consiste en cinco líneas. Siga las instrucciones.

Línea 1: Nombren el sujeto en una palabra (un sustantivo).

Línea 2: Describan el sujeto con dos palabras (dos adjetivos o un sustantivo y un adjetivo).

Línea 3: Describan acciones relacionadas con el sujeto en tres palabras (verbos en el infinitivo o en el gerundio).

Línea 4: Expresen una emoción sobre el sujeto en cuatro o cinco palabras.

Línea 5: Repitan el sujeto con otra palabra que refleje el contenido del poema (un sustantivo).

MODELO: Felisa
Amarga, miserable
Recordar, sufrir, llorar
Soy poetisa, soy actriz
Fracaso

I.   @ explorar un poco más

Paso 1   Rosamunda es una de las muchas figuras literarias femeninas en la literatura española. Fuera de clase, busque en el Internet o en la biblioteca información sobre una de las siguientes famosas mujeres ficticias. Después, formen grupos de cuatro para compartirla.

- la Celestina   • Dulcinea   • Fortunata   • Bernarda Alba

1. ¿De qué obra literaria viene ese personaje?
2. ¿Quién escribió la obra?
3. ¿Cuándo fue escrita la obra? ¿Qué época o movimiento literario representa?
4. ¿Cómo se caracteriza a esa mujer ficticia? ¿Por qué es importante dentro de la tradición literaria española?
5. Haga una comparación entre a ese personaje y Rosamunda.
6. Haga una comparación entre ese personaje y una figura literaria femenina de la literatura de su propio país.

Paso 2   Escriba un informe usando la información que Ud. y sus compañeros han encontrado sobre estos famosos personajes femeninos de la literatura española.

Lectura II: *La colmena** (selecciones)

Camilo José Cela

Camilo José Cela nació en La Coruña, España, en 1916 y falleció (*passed away*) en Madrid en 2002. Fue uno de los escritores españoles más importantes del siglo XX. Entre sus múltiples premios literarios se destacan el Premio Príncipe de Asturias (1987) y el Premio Nobel de Literatura (1989). Cela se conoce por su prosa rica e innovadora y por su ojo crítico. Durante la dictadura de Francisco Franco (1939–1975) sufrió las consecuencias de la censura y varios libros suyos fueron prohibidos. De hecho, *La colmena* (1951), novela de la que vienen las siguientes selecciones, tuvo que publicarse primero en Latinoamérica.

La colmena se considera la mejor obra de Cela. Trata de tres días en la vida de aproximadamente 300 clientes y empleados de un café en un barrio de clase trabajadora en Madrid. La novela no tiene una trama (*plot*) identificable; más bien, consiste en varias viñetas que retratan un panorama de personajes del barrio. El café emerge como una «colmena» de interacciones y actividades humanas, y de este modo ofrece un vistazo amplio pero íntimo de la clase popular española de la época.

Antes de leer

A. Para comentar   Conversen sobre las siguientes preguntas en grupos pequeños.

1. ¿Conoce Ud. un bar o café popular que atraiga una clientela diversa e interesante? Describa el lugar y diga por qué es tan popular.

2. Piense en el lugar donde vive —su edificio de apartamentos, su residencia estudiantil, su vecindario— o en un lugar central de su universidad —un edificio administrativo, el centro estudiantil— como si fuera una «colmena» de gente. ¿Quiénes son los personajes que harían buenos protagonistas de una novela? Explique por qué.

3. ¿Cómo afecta la personalidad de los empleados o dueños de un lugar el éxito del negocio? ¿Hay algún lugar que Ud. frecuente porque conoce bien a los empleados o a los dueños y porque ellos le caen bien a Ud.? ¿Hay algún lugar que evite (*you avoid*) porque los empleados o los dueños lo/la tratan mal?

VOCABULARIO

B. Vocabulario del tema

Paso 1 Palabras clave   Estudie la ficha del vocabulario útil para comprender y conversar sobre la lectura. Después, en parejas, completen las oraciones con la palabra apropiada, según el contexto.

---

*La... *The Hive*

el altercado	la barriga	el trasero
dispute	*belly*	*rear end*
echar	pisar	tropezar
to throw out	*to set foot in*	*to bump into*
amargo/a	corriente	sangriento/a
bitter	*common*	*bloody*

1. Doña Rosa va y viene por entre las mesas del café tropezando a los clientes con su tremendo _____. En su tiempo libre le gusta leer novelas y folletines (*a form of pulp fiction*), cuanto más _____, mejor.

2. Don José, uno de los clientes preferidos de doña Rosa, tuvo un _____ con el violinista e insistió en que la dueña lo echara del café para siempre. El violinista no podrá volver a _____ el establecimiento.

3. Doña Matilde, otra cliente, es gorda, sucia y pretenciosa. Huele mal y tiene una _____ tremenda, toda llena de agua.

4. El cliente que no pagó su cuenta tiene una mirada triste y _____. No es un hombre vulgar, un ser _____ y moliente (*regular*). Es un hombre que ha hecho sus estudios y traduce algo el francés.

Paso 2 Vocabulario en contexto A veces Ud. se encuentra con una palabra que no reconoce, pero que comparte raíz con una palabra relacionada. Se puede usar la palabra conocida para adivinar el significado de la nueva palabra. Fíjese en las palabras subrayadas de las siguientes citas, tomadas de las selecciones de *La colmena*. Primero, en parejas, indiquen si la palabra o la frase subrayada sirve como adjetivo, adverbio, sustantivo o verbo. Luego, adivinen su significado. Finalmente, indiquen cuál es la palabra que les ayudó a entender la nueva palabra. Siguen el modelo.

> MODELO: «Yo creo que todo eso son <u>habladurías</u>... »
> *sustantivo; <u>talk/rumors</u>; hablar*

1. «Hay quien dice que a doña Rosa le brillan <u>los ojillos</u> cuando viene la primavera... »

2. « ...él no es un cursi ni un <u>pobretón</u> de esos de café con leche.»

3. «El ojén es lo mejor del mundo; es estomacal, diurético y reconstituyente; cría sangre y <u>aleja</u> el espectro de la impotencia.»

4. «La gente, casi toda, <u>aseguraba</u> que la razón la tenía al violinista... »

5. «Trata de sonreír con <u>dulzura</u>... »

6. « ...a la calle con <u>suavidad</u>... »

7. «Los vendedores <u>vocean</u> los diarios de la tarde.»

C. Visualización Mientras lee, trate de visualizar la apariencia física y los rasgos de personalidad de los siguientes personajes.

- doña Rosa, dueña del café
- don José, cliente
- el cliente que no quiere pagar
- doña Matilde, cliente
- doña Asunción, cliente

La colmena (selecciones)

El café de doña Rosa

1　No perdamos la perspectiva, yo ya estoy harta de[1] decirlo, es lo único importante.

　　Doña Rosa va y viene por entre las mesas del café, tropezando a los clientes con su tremendo trasero. Doña Rosa dice con frecuencia leñe[2] y
5　nos ha merengao.[3] Para doña Rosa el mundo es su café, y alrededor de su café, todo lo demás. Hay quien dice que a doña Rosa le brillan los ojillos cuando viene la primavera y las muchachas empiezan a andar de manga corta.[4] Yo creo que todo eso son habladurías: doña Rosa no hubiera soltado jamás un buen amadeo de plata[5] por nada de este mundo. Ni con
10　primavera ni sin ella. A doña Rosa lo que le gusta es arrastrar sus arrobas,[6] sin más ni más, por entre las mesas. Fuma tabaco de noventa,[7]

cuando está a solas, y bebe ojén,* buenas <u>copas</u> de ojén, desde que se levanta hasta que se acuesta. Después tose y sonríe. Cuando está de buenas,[8] se sienta en la cocina, en una banqueta baja, y lee novelas y folle-
15　tines, cuanto más sangrientos, mejor: todo alimenta. Entonces le gasta bromas a[9] la gente y les cuenta el crimen de la calle de Bordadores o el del expreso[10] de Andalucía.

　　　　　　　　…

　　Doña Rosa tiene la cara llena de manchas,[11] parece que está siempre mudando la piel como un lagarto.[12] Cuando está pensativa, se distrae y se saca
20　virutas[13] de la cara, largas a veces como tiras de serpentinas.[14] Después vuelve a la realidad y se pasea otra vez, para arriba y para abajo, sonriendo a los clientes, a los que odia en el fondo, con sus dientecillos <u>renegridos</u>, llenos de basura.ᵛ

¿Quién(es)? ¿Dónde? ¿Qué pasó?

Dos clientes

25　En una mesa del fondo, dos pensionistas,[15] pintadas como monas,[16] hablan de los músicos.

　　—Es un verdadero artista: para mí es un placer escucharle. Ya me lo decía mi difunto[17] Ramón, que en paz descanse: fíjate, Matilde, sólo en la manera que tiene de echarse el violín a la cara. Hay que ver lo que es la vida: si ese
30　chico tuviera padrinos[18] llegaría muy lejos.

　　Doña Matilde pone los ojos en blanco.[19] Es gorda, sucia y pretensiosa. Huele mal y tiene una barriga tremenda, toda llena de agua.ᵛ

---

[1]estoy… *I'm tired of*　[2]*damn*　[3]nos… *he's screwed us over*　[4]de… *in short sleeves*　[5]amadeo… *coin worth 5 pesetas*　[6]arrastrar… *drag her weight around*　[7]tabaco… *90-peseta packets of loose-leaf tobacco*　[8]está… *she's in a good mood*　[9]le… *she plays jokes on*　[10]*express train*　[11]*spots*　[12]mudando… *shedding her skin like a lizard*　[13]*thin layers of skin*　[14]*streamers*　[15]*widows who receive government pensions*　[16]pintadas… *acting like they're really important*　[17]*dead husband*　[18]*benefactors*　[19]pone… *rolls her eyes*

---

*El ojén, nombrado por el pueblo donde se fabrica, es un aguardiente (*liquor*) dulce que tiene sabor de anís. El pueblo está ubicado (*located*) en las montañas de la provincia de Málaga, cerca de la costa sureña de España.

—Es un verdadero artista, un artistazo.

—Sí verdaderamente: yo estoy todo el día pensando en esta hora. Yo tam-
35 bién creo que es un verdadero artista. Cuando toca, como él sabe hacerlo, el
vals de La viuda alegre, me siento otra mujer.

Doña Asunción tiene un condescendiente aire de oveja.[20]

—¿Verdad que aquélla era otra música? Era más fina, ¿verdad?, más sentimental.

40 Doña Matilde tiene un hijo imitador de estrellas, que vive en Valencia.

Doña Asunción tiene dos hijas: una casada con un subalterno[21] del ministerio de obras públicas, que se llama Miguel Contreras y es algo borracho, y
otra, soltera, que salió de armas tomar[22] y vive en Bilbao, con un
catedrático.[23]

V VERIFICAR   ¿Quién(es)? ¿Dónde? ¿Qué pasó?

---

45 *Su cliente preferido*

Don José, en el café de doña Rosa, pide siempre copita;[24] él no es un cursi
ni un pobretón de esos de café con leche. La dueña lo mira casi siempre
con simpatía por eso de la común afición al ojén. El ojén es lo mejor del
mundo; es estomacal, diurético y reconstituyente; cría sangre y aleja el
50 espectro de la impotencia. Don José habla siempre con mucha propiedad.
Una vez, hace ya un par de años, poco después de terminarse la guerra
civil, tuvo un altercado con el violinista. La gente, casi toda, aseguraba que
la razón la tenía el violinista, pero don José llamó a la dueña y le dijo: o
echa usted a puntapiés[25] a ese rojo[26] irrespetuoso y sinvergüenza,[27] o yo no
55 vuelvo a pisar el local. Doña Rosa, entonces, puso al violinista en la calle y

(*continúa*)

---

[20]aire... *air of indifference*   [21]*lower-level bureaucrat*   [22]de... *resolutely*   [23]*profesor*   [24]*an alcoholic
beverage*   [25]o... *either you kick out*   [26]*communist*   [27]*shameless*

ya no se volvió a saber más de él. Los clientes, que antes daban la razón al violinista, empezaron a cambiar de opinión, y al final ya decían que doña Rosa había hecho muy bien, que era necesario sentar mano dura[28] y hacer un escarmiento.[29] Con estos desplantes,[30] ¡cualquiera sabe adónde iríamos a parar! Los clientes, para decir esto, adoptaban un aire serio, ecuánime,[31] un poco <u>vergonzante</u>. Si no hay disciplina, no hay manera de hacer nada bueno, nada que merezca la pena[32]—se oía decir por las mesas.

¿Quién(es)? ¿Dónde? ¿Qué pasó?

Problemas con otro cliente

Uno de los hombres que, de codos sobre el velador,[33] ya sabéis, se sujeta[34] la pálida frente con la mano —triste y amarga la mirada, preocupada y como sobrecogida[35] la expresión—, habla con el camarero. Trata de sonreír con dulzura, parece un niño abandonado que pide agua en una casa del camino.[v]

El camarero hace gestos con la cabeza y llama al echador.[36]

Luis, el echador, se acerca hasta la dueña.

—Señorita, dice Pepe que aquel señor no quiere pagar.

—Pues que se las arregle como pueda[37] para sacarle los cuartos;[38] eso es cosa suya; si no se los saca, dile que se le pegan al bolsillo[39] y en paz. ¡Hasta ahí podíamos llegar!

La dueña se ajusta los lentes y mira.

—¿Cuál es?

—Aquel de allí, aquel que lleva gafitas de hierro.[40]

—¡Anda, qué tío, pues esto sí que tiene gracia! ¡Con esa cara! Oye, ¿y por qué regla de tres no quiere pagar?[41]

—Ya ve… Dice que se ha venido sin dinero.

—¡Pues sí, lo que faltaba para el duro[42]! Lo que sobran en este país son pícaros.[43]

El echador, sin mirar para los ojos de doña Rosa, habla con un hilo de voz:[44]

—Dice que cuando tenga ya vendrá a pagar.

Las palabras, al salir de la garganta de doña Rosa, suenan como el latón.[45]

—Eso dicen todos y después, para uno que vuelve, cien se largan,[46] y si te he visto no me acuerdo. ¡Ni hablar! ¡Cría cuervos y te sacarán los ojos![47] Dile a Pepe que ya sabe: a la calle con suavidad, y en la acera,[48] dos patadas bien dadas donde se tercie.[49] ¡Pues nos ha merengao!

El echador se marchaba cuando doña Rosa volvió a hablarle:

—¡Oye! ¡Dile a Pepe que se fije en la cara!

—Sí, señorita.

Doña Rosa se quedó mirando para la escena. Luis llega, siempre con sus lecheras,[50] hasta Pepe y le habla al oído.

—Eso es todo lo que dice. Por mí, ¡bien lo sabe Dios!

[28]sentar… *to take a firm stand* [29]*lesson, warning* [30]*insolence* [31]*even-tempered* [32]merezca… *is worth it* [33]*counter* [34]se… *he holds* [35]*startled* [36]*employee who serves coffee* [37]que… *have him do the best he can* [38]*coins* [39]dile… *tell him that we'll take them from him* [40]gafitas… *wire-rimmed glasses* [41]¿y… *why the hell does he think he can get away with not paying?* [42]lo… *just what I needed* [43]*swindlers* [44]con… *with a weak voice* [45]*brass* [46]se… *leave and never come back* [47]¡Cría… *Raise crows and they'll pluck out your eyes!* [48]*sidewalk* [49]dos… *two good kicks in the gut* [50]*pitchers of steamed milk*

95 Pepe se acerca al cliente y éste se levanta con lentitud. Es u[...]
desmedrado, paliducho, enclenque,[51] con lentes de pobre alambre[52] s[...]
mirada. Lleva la americana raída[53] y el pantalón desflecado.[54] Se cubre con
un flexible[55] gris oscuro, con la cinta[56] llena de grasa, y lleva un libro <u>forrado</u>
de papel de periódico debajo del brazo.ᵛ

100 —Si quiere, le dejo el libro.
—No. Ande, a la calle, no me alborote.[57]
El hombre va hacia la puerta con Pepe detrás. Los dos salen afuera. Hace
frío y las gentes pasan presurosas.[58] Los vendedores vocean los diarios de la
tarde. Un tranvía tristemente, trágicamente, casi lúgubremente[59]

105 bullanguero,[60] baja por la calle de Fuencarral.
El hombre no es un cualquiera, no es uno de tantos, no es un hombre
vulgar, un hombre del montón, un ser corriente y moliente; tiene un tatuaje
en el brazo izquierdo y una cicatriz en la ingle.[61] Ha hecho sus estudios y
traduce algo el francés. Ha seguido con atención el ir y venir del movimiento

110 intelectual y literario, y hay algunos folletines de *El Sol* que todavía podría
repetirlos casi de memoria. De mozo[62] tuvo una novia suiza y compuso poe-
sías *ultraístas.**

¿Quién(es)? ¿Dónde? ¿Qué pasó?

Dos tandas de clientes

En el café de doña Rosa, como en todos, el público de la hora del café no es el

115 mismo que el público de la hora de merendar.[63] Todos son habituales, bien es
cierto, todos se sientan en los mismos <u>divanes</u>, todos beben en los mismos va-
sos, toman el mismo bicarbonato, pagan en iguales pesetas, aguantan[64] idénti-
cas impertinencias a la dueña, pero, sin embargo, quizás alguien sepa por
qué, la gente de las tres de la tarde no tiene nada que ver con la que llega da-

120 das ya las siete y media; es posible que lo único que pudiera unirlos fuese[65]
la idea, que todos guardan en el fondo de sus corazones, de que ellos son, re-
almente, la vieja guardia del café. Los otros, los de después de almorzar para
los de la merienda y los de la merienda para los de después de almorzar, no
son más que unos intrusos[66] a los que se tolera, pero en los que ni se piensa.

125 ¡Estaría bueno! Los dos grupos, individualmente o como organismo, son in-
compatibles, y si a uno de la hora del café se le ocurre esperar un poco y re-
trasar la marcha,[67] los que van llegando, los de la merienda, lo miran con malos ojos, con tan malos ojos, ni más ni menos, como con los que miran los de
la hora del café a los de la merienda que llegan antes de tiempo.

¿Quién(es)? ¿Dónde? ¿Qué pasó?

[51]desmedrado... *emaciated, pale, feeble* [52]*wire* [53]la... *a threadbare sports coat* [54]*frayed* [55]*soft felt hat* [56]*hatband* [57]no... *don't cause me problems* [58]*in a hurry* [59]*gloomily* [60]*noisy* [61]*groin* [62]De... *As a young man* [63]*eat a late afternoon snack* [64]*put up with* [65]fuera (*alternate form of past subjunctive, used in Spain*) [66]*intruders* [67]retrasar... *delay leaving*

*El ultraísmo es uno de los varios movimientos poéticos de estilo vanguardista que surgieron como respuesta a la seriedad y la rigidez del modernismo en Europa y Latinoamérica. La característica principal del ultraísmo, un pequeño movimiento que surgió en España en 1918 y luego en Latinoamérica, era el uso de las metáforas para expresarse.

Después de leer

A. Comprensión

Paso 1 Indique si las siguientes oraciones son ciertas (**C**) o falsas (**F**). Corrija las oraciones falsas y explique las que son ciertas.

1. _____ Doña Rosa es una mujer muy generosa.
2. _____ Doña Rosa cuida mucho su apariencia física.
3. _____ Aunque doña Matilde y doña Asunción son viejas, la música les hace sentir jóvenes y vivas.
4. _____ Doña Rosa se lleva muy bien con don José.
5. _____ A don José le caía bien el violinista que frecuentaba el café.
6. _____ El cliente que no quiere pagar es pobre pero culto.
7. _____ El cliente no puede pagar, pero ofrece dejar su libro por el café que tomó.
8. _____ A doña Rosa no le importa que el cliente tome café ahora y vuelva a pagar más tarde.
9. _____ Hay clientes regulares a la hora de tomar café y clientes regulares a la hora de merendar.
10. _____ Todos los clientes regulares sienten que el café de doña Rosa es suyo también.

Paso 2 Con un compañero / una compañera, vuelvan a la lista de personajes que se encuentra en **Antes de leer.** Escriban una lista de palabras o expresiones que Uds. asocian con cada personaje.

Paso 3 Complete las siguientes oraciones como si Ud. fuera doña Rosa. Comparta sus oraciones con su compañero/a.

1. Mis clientes son…
2. Un día, vino un hombre que no quería pagar. Él era… Y yo…
3. Esas dos pensionistas son muy pretenciosas, cuando en realidad son…

Paso 4 En parejas, preparen una breve carta de una prima muy entrometida de doña Rosa. En la carta, la prima le dice a doña Rosa lo que debe hacer para mejorar su café y sus relaciones con sus clientes. Luego, algunos estudiantes deben leer sus cartas y los demás deben reaccionar ante las sugerencias como si fueran doña Rosa.

B. Punto clave: Descripción

La lectura contiene muchas descripciones muy precisas. La descripción ayuda al lector a visualizar la historia y a comprender mejor a los personajes. La descripción se puede realizar a través de adjetivos descriptivos o bien con metáforas que comparan el objeto de la descripción con otra cosa familiar al lector.

Paso 1 Busque en los primeros cuatro párrafos las palabras y expresiones que se usan para describir a doña Rosa. Organícelas según el siguiente cuadro.

Paso 2   ¿Cree Ud. que doña Rosa es una buena mujer de negocios? ¿Cómo sería la dueña ideal de un café? Usando la descripción de doña Rosa como modelo, trabajen en parejas para hacer una descripción de la dueña perfecta. Incluyan detalles físicos y de la personalidad.

C. ¡A dramatizar!   En parejas, dramaticen una de las siguientes situaciones.

Situación 1: Doña Matilde y doña Asunción chismean sobre don José.

Doña Matilde: Piensa que don José es el hombre ideal y que sería buen marido.

Doña Asunción: Piensa que su esposo difunto fue el hombre perfecto y hace comparaciones entre los dos. No le puede perdonar a don José por su pelea con el violinista.

Situación 2: Una persona quiere comprar el café de doña Rosa y habla de esa posibilidad con ella.

Doña Rosa: Ella no está segura de que quiera vender, aunque le interesa la posibilidad de ganar dinero y de jubilarse.

La persona que quiere comprar: Le hace preguntas a doña Rosa sobre el negocio y los clientes. Habla con ella sobre el precio y su propia visión del futuro del café.

D. Hacia el análisis literario: El narrador

Toda obra narrativa tiene uno o más *narradores,* los seres que narran o cuentan la acción del relato. Aquí hay algunas características más importantes del narrador:

- El narrador puede ser un *personaje* que participa en la acción de la obra (normalmente narra en primera persona) o puede ser un narrador *invisible* (normalmente narra en tercera persona).

- El narrador invisible puede ser *omnisciente,* o sea, lo sabe todo, y transmite hasta los pensamientos y sentimientos de los personajes.

- Otro ejemplo del narrador invisible es un tipo de narrador *testigo,* quien tiene un conocimiento incompleto o limitado de los eventos narrados.
- El narrador puede estar *presente* o *involucrado* (*involved*) en la acción físicamente como personaje o simplemente porque comenta e interpreta los eventos como los ve.
- En cambio, el narrador *ausente* y *distante* presenta los hechos sencillamente, sin interpretación, para que el lector llegue a sus propias conclusiones.
- El narrador puede ser *fidedigno* (siempre dice la verdad) o *no digno de confianza* (no siempre dice la verdad). El lector tiene que decidir cuál es, y ese proceso le lleva a un conocimiento más profundo de la obra.

Es el narrador quien determina el punto de vista de la obra. Es de suma importancia no confundir al narrador con el autor, ya que el narrador, al fin y al cabo, también es una creación del autor.

En parejas, contesten las siguientes preguntas.

1. ¿Quién es el narrador de este texto? ¿Es hombre o mujer? ¿Cómo lo sabe? ¿Desde dónde narra los eventos? O sea, ¿dónde está mientras narra? Explique su respuesta.
2. ¿Es un narrador omnisciente o testigo? Explique.
3. ¿Es un narrador fidedigno o no digno de confianza? Explique.
4. ¿Es un narrador presente/involucrado o ausente/distante? Explique.
5. ¿En qué momentos puede influir el narrador del texto en la interpretación que Ud. hace de los eventos narrados?
6. ¿Cuál es el punto de vista de la obra y dónde se ve?
7. ¿Por qué creen Uds. que Cela escogió este tipo de narrador para presentar la novela?

E. **Las siete metas comunicativas en contexto**

DESCRIBIR
D

C
COMPARAR

REACCIONAR
R
RECOMENDAR

PASADO
P

GUSTOS
G

HIPOTESIS
H

FUTURO
F

Paso 1 Escriba dos o tres oraciones para cada meta comunicativa. Preste atención a los puntos gramaticales que debe utilizar para hacer oraciones precisas.

1. Describa a doña Rosa con sus propias palabras.
2. Compare a doña Rosa con doña Asunción o con doña Matilde.
3. Reaccione a la situación del hombre que no puede pagar y a su manera de tratar a doña Rosa. (Es triste que…, Es terrible que…, Me parece correcto que…, Qué bueno/malo que…)
4. Con sus propias palabras, explique lo que Ud. imagina que había pasado entre don José y el violinista.
5. ¿Qué le interesa a doña Rosa? ¿Qué le molesta?
6. Si Ud. fuera doña Rosa, ¿qué haría con los clientes que no pudieran pagar?
7. ¿Qué pasará cuando el hombre que no pagó salga del café de doña Rosa? Invente su historia.

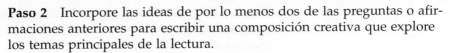

Paso 2 Incorpore las ideas de por lo menos dos de las preguntas o afirmaciones anteriores para escribir una composición creativa que explore los temas principales de la lectura.

F. **El editor exigente** Un editor lee la sección sobre el cliente que no quería pagar y le sugiere al autor unos cambios.

«Doña Rosa ve al hombre en la calle al día siguiente y los dos empiezan a hablar y hacerse amigos.»

Escriba dos o tres párrafos narrando su conversación y especulando sobre el destino de su amistad. Trate de mantener un tono informal y conversacional semejante al que se ve en la selección que ha leído. Use los conectores apropiados y un vocabulario muy descriptivo.

G. **¡A conversar!** Conversen sobre las siguientes preguntas en grupos pequeños.

1. En *La colmena,* el lugar y la caracterización de los personajes son más importantes que la trama. ¿Pueden pensar en una obra literaria, una película o un programa de televisión que tenga un enfoque semejante en un lugar y las personas que lo frecuentan? ¿Cómo es el lugar? ¿Cómo son los personajes? ¿Por qué se reúnen en ese lugar y qué hacen allí?

2. El bar o el café del barrio es un lugar social muy importante en la cultura española. Muchos españoles tienen un bar o café al que van todos los días a reunirse con amigos o a sentarse y estar con los otros clientes. De hecho, es más común reunirse con los amigos en un café o bar que invitarlos a la casa. ¿Hay algún lugar que Uds. y sus amigos frecuentan? ¿Cómo es ese lugar? ¿Cómo son las personas que van allí?

3. *La colmena* describe un café de una zona trabajadora, de la clase media baja. Los clientes del café tienen un estatus social más o menos igual. ¿Creen Uds. que ahora, más de 50 años después de la publicación de *La colmena,* todavía hay tal división de clases? ¿Hay lugares que atraigan más a gente de cierta clase social? Expliquen y den ejemplos concretos de esto en su ciudad universitaria.

H. **Yo, poeta** ¡Sea creativo/a! Trabajen solos/as o en parejas para crear un poema sencillo de tipo «quintilla». Vean el siguiente modelo y las instrucciones para escribir una quintilla en la página 11. Luego, escriban una quintilla sobre uno de los siguientes temas: doña Rosa, el ojén, el hombre que no quería pagar.

MODELO: Café
        Lugar íntimo
        Tomar, charlar, observar
        Donde todos te conocen
        Hogar

I. **@ explorar un poco más**

La colmena tiene lugar durante los primeros años de la dictadura de Francisco Franco, la cual duró entre 1939–1975. Cela retrata los problemas económicos y sociales que resultaron de ese conflicto interno.

Paso 1   Fuera de clase, busque en el Internet o en la biblioteca, más información sobre la Guerra Civil española. Después, formen grupos de cuatro para compartirla.

1. ¿Cuándo ocurrió?
2. ¿Quiénes lucharon?
3. ¿Por qué lucharon los varios grupos del conflicto?
4. ¿Cuál fue el resultado?
5. ¿Participaron otros países de alguna manera?
6. Busque más información sobre una de las siguientes figuras o temas importantes:

    Dolores Ibárruri, Guernica, Federico García Lorca, Francisco Franco, Las Brigadas Internacionales.

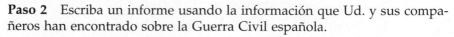

Paso 2   Escriba un informe usando la información que Ud. y sus compañeros han encontrado sobre la Guerra Civil española.

Capítulo 2

Las conexiones personales y familiares

Gran Teatro de La Habana, Cuba

Mapa

La Habana
el Océano Atlántico
CUBA
Camagüey
Santiago de
los Caballeros
Cabarete
PUERTO RICO
Bayamón
San Juan
Santiago de Cuba
El Yunque
Ponce
Santo
Domingo
San Pedro
de Macorís
JAMAICA
HAITI
**REPÚBLICA
DOMINICANA**
HONDURAS

NICARAGUA
el Mar Caribe

COSTA RICA
PANAMÁ
Maracaibo
Caracas
Barquisimeto
Lago Maracaibo
Mérida
COLOMBIA
VENEZUELA

En este capítulo...

Lectura I:
«Con los ojos cerrados»
por Reynaldo Arenas

REACCIONAR
R
RECOMENDAR

Meta comunicativa:
Reacciones
y recomendaciones

Análisis literario:
La trama

Lectura II:
Tiempo muerto (selecciones)
por Avelino Stanley

Meta comunicativa:
Reacciones
y recomendaciones

Análisis literario:
El género, la etnicidad y la clase social

Lectura I: «Con los ojos cerrados»
Reynaldo Arenas

El siguiente cuento es del novelista y cuentista cubano Reynaldo Arenas (1943–1990). Después de una niñez pobre bajo la dictadura de Fulgencio Batista, se unió a la Revolución cubana. Fue escritor autodidacta (*self-taught*) que luego, por causa de sus conexiones personales, orientación sexual y disidencia intelectual, fue denominado «peligro social» y «contra-rrevolucionario». Por esta razón fue encarcelado (*imprisoned*) y torturado por la policía. Por fin en 1980, salió de Cuba con otros 125.000 «marielitos»* para los Estados Unidos, donde, enfermo de sida (AIDS), se suicidó en Nueva York en 1990.

Entre sus obras más importantes se encuentra la novela *El mundo alucinante*, la cual fue prohibida por ser contrarrevolucionaria. La novela *Otra vez el mar*, cuyo manuscrito el autor escondió para protegerlo, fue encontrado por las autoridades y el autor volvió a escribirlo de memoria tres veces. En 2001, salió una película sobre la vida de Arenas, *Before Night Falls*, basada en su autobiografía, titulada *Antes que anochezca*. El cuento que va a leer, «Con los ojos cerrados», trata de un niño que, para escaparse de las realidades difíciles que lo rodean, cierra los ojos y se imagina un mundo mejor. Mientras lo lea, trate de ponerse en el lugar del niño y de visualizar el mundo imaginario que él crea.

Antes de leer

A. Para comentar Conversen sobre las siguientes preguntas en grupos pequeños.

1. ¿A veces sueña despierto/a? ¿En qué circunstancias?

2. ¿Cómo era Ud. de niño/a? ¿Era muy imaginativo/a, travieso/a, simpático/a, cruel? ¿Cómo era en comparación con otros niños de su misma edad? Explique.

3. Si Ud. fuera niño/a y viera un gato muerto, a unas personas pidiendo dinero en la calle o una rata torturada, ¿cómo reaccionaría? ¿Cómo cree que reaccionaría la mayoría de los niños a esas escenas?

B. Vocabulario del tema

Paso 1 Palabras clave Estudie la ficha del vocabulario útil para comprender y conversar sobre la lectura. Después, en parejas, completen las oraciones con la palabra apropiada, según el contexto.

---

*Los marielitos son un grupo de más de 125.000 cubanos que, con el permiso de Fidel Castro, salieron para los Estados Unidos en 1980. Fueron recibidos como refugiados de la dictadura cubana. La mayoría de ellos se estableció en Miami y Nueva York. El éxodo del Mariel (*Mariel Boatlift*) fue muy controvertido porque Castro dejó salir a varios criminales y enfermos mentales entre los otros refugiados.

la algarabía	la dulcería	la limosna
clamor	*sweet shop*	*alms*
acosar	**comprobar**	**regañar**
to harass	*to confirm*	*to scold*
acorralado/a	**mentiroso/a**	**sonriente**
cornered	*lying*	*smiling*

1. De paso a la escuela, el niño tropezó con un gato. Lo tocó y cuando no se movió, el niño pudo _____ que estaba muerto.

2. Como todavía era temprano, el niño llegó hasta la _____ donde siempre había dulces frescos y sabrosos.

3. Un grupo de muchachos tenían _____ una rata de agua en un rincón.

4. Con los ojos cerrados, el niño empezó a pensar en todo lo que había visto esa mañana de paso a la escuela, pero vio todo de una manera muy linda. Andaba _____, imaginando un mundo lleno de bondad.

5. Cuando el niño le dijo a la enfermera lo que había pasado con los ojos cerrados, él estaba seguro que ella pensaría que era un niño _____.

Paso 2 Vocabulario en contexto El cuento usa muchos adjetivos formados de participios pasados, como por ejemplo **sentado, muerto** y **parado.** En parejas, encuentren los siguientes adjetivos en el texto. Indiquen cuál es el infinitivo del verbo, qué sustantivo modifica y qué significa, siguiendo el modelo.

	INFINITIVO	SUSTANTIVO MODIFICADO	SIGNIFICADO
Me tropecé con un gato que estaba **acostado** en la acera.	acostar	gato	lying
Pero no se movió y vi que [el gato] estaba **muerto.**			
En esta dulcería hay también dos viejitas **paradas** en la puerta…			
…con las manos **extendidas** pidiendo limosnas			

(continúa)

	SUSTANTIVO	
INFINITIVO	MODIFICADO	SIGNIFICADO
...puse otros dos medios en aquellas manos **arrugadas**...		
...un grupo de muchachos tenía **rodeada** una rata de agua...		
Con los ojos **cerrados** se ve muchas cosas, y mejor que si los llevara **abiertos**...		

C. Visualización   Mientras lee, trate de visualizar la apariencia física y los rasgos de personalidad de los siguientes personajes. ¿Cómo se presentan al principio y cómo se ven con los ojos cerrados?

- el protagonista, un niño
- la madre
- la tía Grande Ángela
- el gato
- los niños que torturan la rata
- las viejitas

«Con los ojos cerrados»

1 A usted sí se lo voy a decir, porque sé que si se lo cuento a usted no se me va a reír en la cara ni me va a regañar. Pero a mi madre, no. A mamá no le diré nada, porque, de hacerlo, no dejaría de pelearme y de regañarme. Y, aunque es casi seguro que ella tendría toda la razón, no quiero oír ningún
5 consejo ni advertencia. Porque no me gustan los consejos ni las advertencias.
  Por eso. Porque sé que usted no me va a decir nada, se lo digo todo.
  Ya que solamente tengo ocho años, voy todos los días a la escuela. Y aquí empieza la tragedia, pues debo levantarme bien temprano —cuando el pimeo[1] que me regaló la tía Grande Ángela sólo ha dado dos voces— ya que
10 la escuela está bastante lejos.
  A eso de las seis de la mañana empieza mamá a pelearme para que me levante, y ya a las siete estoy sentado en la cama y estrujándome los ojos.[2] Entonces todo lo demás tengo que hacerlo corriendo: ponerme la ropa corriendo, llegar corriendo hasta la escuela y entrar corriendo en la fila, pues

15 ya han tocado el timbre y la maestra está parada en la puerta.
  Pero ayer fue diferente, ya que la tía Grande Ángela debía irse para Oriente y tenía que coger el tren antes de las siete. Y se formó un alboroto[3] enorme en la casa, pues todos los vecinos vinieron a despedirla y mamá se puso tan nerviosa que se le cayó la olla[4] llena de agua hirviendo en el piso

[1]*rooster*   [2]estrujándome... *rubbing my eyes*   [3]*uproar*   [4]*pot*

20 cuando iba a echar el agua en <u>el colador</u> para hacer el café, y se le quemó un pie.[v]

Con aquel escándalo tan insoportable no me quedó más remedio que despertarme. Y ya que estaba despierto, pues me decidí a levantarme.

La tía Grande Ángela, después de muchos besos y abrazos, pudo
25 marcharse. Y yo salí en seguida para la escuela, a pesar de que todavía era bastante temprano.

¿Quién(es)? ¿Dónde? ¿Qué pasó?

Hoy no tengo que ir corriendo, me dije casi sonriente. Y eché a andar, bastante despacio por cierto. Y cuando fui a cruzar la calle me tropecé con un gato que estaba acostado en el contén[5] de la acera. Vaya lugar que esco-
30 giste[6] para dormir, le dije, y lo toqué con la punta del pie, pero no se movió. Entonces me agaché[7] junto a él y pude comprobar que estaba muerto. El pobre —dije—, seguramente lo arrolló[8] alguna máquina y alguien lo tiró en ese rincón para que no lo siguieran aplastando.[9] Qué lastima, porque es un gato grande y de color amarillo que seguramente no tendría ningunos deseos
35 de morirse. Pero bueno: ya no tiene remedio. Y seguí andando.

Como todavía era temprano, me llegué hasta la dulcería, que aunque está un poco lejos de la escuela, hay siempre dulces frescos y sabrosos. En esta dulcería hay también dos viejitas paradas a la entrada, con una jaba[10] cada una y las manos extendidas, pidiendo limosnas...[11v] Un día yo le di un
40 medio[12] a cada una y las dos me dijeron al mismo tiempo: «Dios te haga un santo». Eso me dio mucha risa y cogí y volví a poner otros dos medios entre aquellas manos tan arrugadas y pecosas[13] y ellas volvieron a repetir: «Dios te

(continúa)

---

[5]curb [6]Vaya... *What a place to pick* [7]me... *I bent down* [8]*ran over* [9]*squashing* [10]*bag*
[11]pidiendo... *begging for alms* [12]*small coin* [13]*freckled*

haga un santo», pero ya no tenía tantas ganas de reírme. Y desde entonces, cada vez que paso por allí, ellas me miran con sus caras de pasas[14] pícaras[15] y no me queda más remedio que darles un medio a cada una... Pero ayer sí que no podía dar nada, ya que hasta la peseta de la merienda[16] la gasté en tortas de chocolate.

Y por eso salí por la puerta de atrás, para que las viejitas no me vieran.

Ya sólo me faltaba cruzar el puente, caminar dos cuadras y llegar a la escuela.

En el puente me paré un momento porque sentí una algarabía enorme allá abajo, en la orilla del río. Me arreguindé de[17] la baranda y miré: un coro de muchachos de todos los tamaños tenía acorralada a una rata de agua en un rincón y la acosaban entre gritos y pedradas.[18] La rata corría de un extremo a otro del rincón, pero no tenía escapatoria y soltaba unos chillidos[19] estrechos y desesperados. Por fin, uno de los muchachos cogió una vara de bambú y golpeó con fuerza sobre el lomo de la rata, reventándola.[20] Entonces todos los demás corrieron hasta donde estaba el animal, y tomándolo entre saltos y gritos de triunfo, la arrojaron hasta el centro del río, pero la rata muerta no se hundió y siguió flotando hasta perderse en la corriente.[v]

Los muchachos se fueron con la algarabía hasta otro rincón del río. Y yo también eché a andar.

 VISUALIZAR

 VERIFICAR

¿Quién(es)? ¿Dónde? ¿Qué pasó?

«Caramba —me dije—, qué fácil es caminar sobre el puente. Se puede hacer hasta con los ojos cerrados pues a un lado tenemos las rejas[21] que no lo dejan a uno caer en el agua, y del otro, el contén de las aceras que nos avisan antes de que pisemos la calle.» Y para comprobarlo cerré los ojos y seguí caminando. Al principio me sujetaba[22] con una mano a la baranda[23] del puente, pero luego ya no fue necesario. Y seguí caminando con los ojos cerrados. Y no se lo vaya usted a decir a mi madre, pero con los ojos cerrados uno ve muchas cosas, y hasta mejor que si los lleváramos abiertos... Lo primero que vi fue una gran nube amarillenta que brillaba unas veces más fuerte que otras, igual que el sol cuando se va cayendo entre los árboles. Entonces apreté los párpados[24] bien duro y la nube rojiza se volvió de color azul. Pero no solamente azul, sino verde. Verde y morada. Morada brillante como si fuese un arco iris de esos que salen cuando ha llovido mucho y la tierra está ahogada[25v] de tanta agua que le ha caído arriba.

 VISUALIZAR

Y con los ojos cerrados me puse a pensar en las calles y en las cosas; sin dejar de andar. Y vi a mi tía Grande Ángela saliendo de la casa. Pero no con el vestido de bolas rojas que es el que siempre se pone cuando va para Oriente, sino con un vestido largo y blanco. Y de tan alta que es parecía un palo de teléfono envuelto en una <u>sábana</u>. Pero se veía bien.

 VOCABULARIO

Y seguí andando. Y me tropecé de nuevo con el gato en el contén. Pero esta vez, cuando lo rocé con la punta del pie, dio un salto y salió corriendo.

---

[14]*raisins*   [15]*traviesas*   [16]*peseta... lunch money*   [17]*Me... I peeked over*   [18]*blows from stones*   [19]*squeals*   [20]*crushing it*   [21]*bars*   [22]*me... I held onto*   [23]*railing*   [24]*eyelids*   [25]*soaked*

Salió corriendo el gato amarillo brillante porque estaba vivo y se asustó cuando lo desperté. Y yo me reí muchísimo cuando lo vi desaparecer desmandado y con el lomo erizado[26] que parecía que iba a soltar chispas.[27]

Y seguí caminando, con los ojos, desde luego, bien cerrados. Y así fue como llegué de nuevo a la dulcería. Pero como no podía comprarme ningún dulce, pues ya me había gastado hasta la última peseta de la merienda, me conformé con[28] mirarlos a través de la vidriera. Y estaba así, mirándolos, cuando oigo dos voces detrás del mostrador que me dicen: «¿No quieres comerte algún dulce?» Y cuando alcé la cabeza vi con sorpresa que las dependientas eran las dos viejecitas que siempre estaban pidiendo limosnas a la entrada de la dulcería. Y no supe qué decir. Pero ellas parece que adivinaron mis deseos y sacaron, sonrientes, una torta grande y casi colorada hecha de chocolate y de almendras.[29] Y me la pusieron en las manos.

Y yo me volví loco de alegría con aquella torta tan grande. Y salí a la calle.

Cuando iba por el puente con la torta entre las manos, oí de nuevo el escándalo de los muchachos. Y con los ojos cerrados me asomé por la baranda del puente y los vi allá abajo, nadando apresurados hasta el centro del río para salvar a una rata de agua, pues la pobre parece que estaba enferma y no podía nadar.

Y los muchachos sacaron la rata del agua y la depositaron temblorosa sobre una piedra del arenal para que se oreara[30] con el sol. Entonces los fui a llamar para que vinieran hasta donde yo estaba y comernos todos juntos la torta de chocolate, pues, después de todo, yo solo no iba a poderme comer aquella torta tan grande.[v]

VOCABULARIO
VOCABULARIO
VOCABULARIO
VISUALIZAR
VERIFICAR

¿Quién(es)? ¿Dónde? ¿Qué pasó?

Palabra[31] que los iba a llamar. Y hasta levanté las manos con la torta y todo encima para que la vieran y no fueran a creer que era mentira, lo que les iba a decir, y vinieran corriendo. Pero entonces, «push», me pasó el camión casi por arriba en medio de la calle que era donde, sin darme cuenta, me había parado.

Y aquí me ve usted: con las piernas blancas por el esparadrapo[32] y el yeso.[33] Tan blancas como las paredes de este cuarto donde sólo entran mujeres vestidas de blanco para darme un pinchazo[34] o una pastilla, desde luego blanca.

Y no crea que lo que le he contado es mentira. No vaya a pensar que porque tengo un poco de fiebre y a cada rato me quejo del dolor en las piernas estoy diciendo mentiras, porque no es así. Y si usted quiere comprobar si fue verdad, vaya al puente; que seguramente debe estar todavía, toda desparramada[35] sobre el asfalto, la torta grande y casi colorada hecha de chocolate y almendras que me regalaron sonrientes las dos viejecitas de la dulcería.

---

[26]*bristling* [27]*sparks* [28]*me... I resigned myself to* [29]*almonds* [30]*it would dry out* [31]*I swear*
[32]*plaster* [33]*cast* [34]*jab (shot)* [35]*scattered*

Después de leer

A. Comprensión

Paso 1 Conteste las siguientes preguntas, según la lectura.

1. ¿Quién es el narrador? ¿Cuántos años tiene? ¿Dónde está?
2. ¿Por qué se levantó temprano ese día? ¿Qué decidió hacer?
3. ¿Qué fue la primera cosa que encontró el niño en su camino?
4. ¿Por qué normalmente les daba limosnas a las viejitas el niño?
5. ¿Les dio limosnas ese día en particular? ¿Por qué?
6. ¿Qué vio debajo del puente?
7. ¿Por qué empezó el niño a caminar con los ojos cerrados?
8. ¿Qué «ve» con los ojos cerrados?
9. ¿Por qué cree Ud. que el niño tiene las fantasías que tiene?
10. ¿Qué le pasó al niño al final?

Paso 2 Con un compañero / una compañera, vuelvan a la lista de personajes que se encuentra en **Antes de leer.** Escriban una lista de palabras o expresiones que Uds. asocian con cada personaje.

Paso 3 Complete las siguientes oraciones como si Ud. fuera el niño. Comparta sus oraciones con su compañero/a.

1. No me gusta levantarme por la mañana porque…
2. Vi varias cosas tristes camino a (*on the way to*) la escuela. Por ejemplo,…
3. Estoy seguro que Uds. encontrarán la torta de chocolate en el puente, pero mi mamá…

Paso 4 En parejas, escojan una de las siguientes tres escenas y escriban una comparación entre lo que pasó con los ojos cerrados y lo que pasó en realidad.

- la escena con el gato
- la escena con la rata
- la escena con las viejitas en la dulcería

REACCIONAR
R
RECOMENDAR

B. Punto clave: Reacciones y recomendaciones

Paso 1 Reaccione a estos eventos del texto, usando una de las siguientes frases u otra de su preferencia. Explique su reacción, usando un conector apropiado, siguiendo el modelo.

- Es triste que...
- No creo que...
- Qué interesante que...
- Qué lástima que...
- Qué malo/ bueno que...

MODELO: El niño y su madre no tienen una buena relación.
Qué pena que el niño y su madre no tengan una buena relación, porque es obvio que el niño la necesita.

1. El niño tiene que levantarse muy temprano todos los días.
2. Las viejas paradas en la puerta de la dulcería piden limosnas todos los días.
3. Algunos niños torturan una rata.
4. El niño cierra los ojos y fantasea con (*daydreams about*) un mundo mejor.
5. Al final, nos damos cuenta de que el niño está internado en el hospital.
6. El niño no quiere decirle la verdad a su mamá.

Paso 2 El desafío   Reaccione a estos eventos en el pasado, siguiendo el modelo.

MODELO: El niño no le dijo la verdad a su mamá.
Es malo que no le dijera la verdad porque la comunicación es importante entre padres e hijos.

1. A la mamá se le cayó una olla.
2. El niño encontró un gato muerto.
3. El niño no pudo darles limosna a las viejitas porque no tenía dinero.
4. La rata no podía escaparse de los niños malos y se murió.
5. En la fantasía del niño, las viejitas trabajaban en la dulcería.
6. Al final, un camión casi le pasó por encima del niño.

C. **¡A dramatizar!**   En parejas, dramaticen una de las siguientes situaciones.

Situación 1: Después de escuchar el cuento del niño, la enfermera conversa cariñosamente con él sobre los problemas que tiene con su madre.

La enfermera: Ud. le tiene mucho cariño al niño y quiere ayudarlo. Ofrézcale consejos sobre cómo mejorar la relación con su madre.

El niño: Ud. conoce muy bien el carácter de su madre y no tiene esperanza de cambiar su relación con ella. Descríbale a la enfermera cómo es su madre y cómo reacciona cuando Ud. haga una travesura (*something mischievous*).

Situación 2: Una de las dos viejitas que está siempre a la puerta de la dulcería conversa con el niño sobre su vida como limosnera.

La viejita: Ud. le habla al niño sobre cómo vivía antes, qué cosas hacía, cómo era su situación económica, etcétera.

El niño: Ud. interviene en la conversación para reaccionar, sugerir y recomendar a la limosnera cómo salir de su situación desesperada.

D. **Hacia el análisis literario: La trama**

La trama de una narrativa tiene seis elementos:

- *La exposición* se comprende de los elementos introductorios para entender la narración, tales como la descripción del ambiente, la presentación de los personajes, la orientación al tiempo y el lugar, etcétera.
- *El desarrollo* sigue las acciones y los motivos de los personajes.

- *El suspenso* representa la tensión dramática, lo que anima al lector a seguir leyendo.
- *El punto decisivo* es un momento —una acción, una decisión o una revelación— cuyas consecuencias cambian el desarrollo y empiezan a llevar la acción hacia su final.
- *El clímax* es el momento de más tensión dramática, el resultado del punto decisivo.
- *El desenlace* narra el final del relato, o sea, los resultados del clímax.

Repase «Con los ojos cerrados» e identifique cada una de estas partes de la trama. Escriba un pequeño resumen de cada parte e indique dónde empieza y dónde termina en el texto.

ELEMENTO	DESCRIPCIÓN	LUGAR EN EL TEXTO
la exposición		
el desarrollo		
el suspenso		
el punto decisivo		
el clímax		
el desenlace		

E. Las siete metas comunicativas en contexto

Paso 1 Escriba dos o tres oraciones para cada meta comunicativa. Preste atención a los puntos gramaticales que debe utilizar para hacer oraciones precisas.

1. Describa al niño. Justifique su descripción con ejemplos textuales.
2. Compare al niño con otros niños de su edad. ¿Es un niño típico?
3. El niño cierra los ojos y recurre a la fantasía para evitar las cosas negativas que ve a su alrededor. Dele consejos de algo concreto que podría hacer para mejorar cada una de las siguientes circunstancias. Use diferentes palabras de recomendación (recomiendo que…, sugiero que…, es necesario que…, etcétera).

   a. la relación con su madre
   b. la vida de la tía Grande Ángela
   c. la situación de las dos viejitas
   d. el abuso de los niños hacia la rata
   e. su estadía (*stay*) en el hospital

PASADO
P

GUSTOS
G

HIPOTESIS
H

FUTURO
F

4. ¿Cree Ud. que el niño tenía una vida fácil? Explique su opinión.

5. La actitud del niño hacia las viejitas que piden limosna parece ser positiva. Aunque tiene muy poco dinero, comparte lo que pueda con ellas. ¿A Ud. le molesta la gente que pide limosna en la calle? ¿Le gusta darles dinero? ¿Le interesa saber cómo llegaron a ese estado desesperado?

6. Si Ud. fuera un niño pequeño y tuviera que pasar mucho tiempo en el hospital, ¿qué haría para pasar el tiempo?

7. ¿Cómo será este niño de adulto? Use ejemplos del cuento para justificar su respuesta.

Paso 2 Incorpore las ideas de por lo menos dos de las preguntas o afirmaciones anteriores para escribir una composición creativa que explore los temas principales de la lectura.

F. **El editor exigente** Un editor lee el cuento y le sugiere al autor algunos cambios. Vuelva a escribir una de las siguientes secciones según las sugerencias del editor, manteniendo el tono general del cuento.

1. «Me gusta la parte sobre los muchachos con la rata, pero quiero saber más de cómo son los muchachos (su apariencia física, la ropa que llevan, etcétera) y su estado de ánimo. Descríbalos con más detalles y haga una comparación de dos de los muchachos.»

2. «Ud. me dejó en el aire en cuanto a la relación del niño con su madre. Escriba un párrafo que indique lo que pasó con ellos al final: cómo reaccionó la madre, si el niño le dijo la verdad, si se llevan mejor, etcétera.»

G. **¡A conversar!** Conversen sobre las siguientes preguntas en grupos pequeños.

1. El protagonista imagina un mundo de gente amable y generosa y su visión o fantasía lo llena de alegría. El niño dice: « …con los ojos cerrados uno ve muchas cosas, y hasta mejor que si los llevarámos abiertos». ¿Está Ud. de acuerdo con esta observación? ¿Piensa Ud. que los pensamientos positivos puedan afectar la realidad existente? Explique su respuesta.

2. Una técnica que usan algunos psicólogos para ayudar a sus clientes a realizar sus metas personales es la «visualización creativa». El paciente imagina lo que pasará en cierta situación y repite en su mente la realización positiva de su meta varias veces hasta vencer (*conquering*) el miedo para enfrentarse con esa situación. Comparta con un compañero / una compañera una situación muy difícil, triste o negativa que Ud. tendrá que enfrentar en el futuro. Su compañero/a le dirá paso a paso lo que Ud. debe hacer para resolver la situación. Trate de visualizar los pasos y el resultado positivo que su compañero/a sugiere. Luego, escuche la situación de su compañero/a y dígale los pasos que debe seguir.

3. Las sociedades se construyen a base de una idea o plan que tienen sus líderes para el crecimiento y el bienestar de la nación. Conversen sobre lo que habrá sido el sueño socialista/comunista de Fidel Castro justo después de la Revolución cubana y compárenlo con la realidad cubana de hoy día. Piensen también en los ideales de la democracia de Thomas Jefferson y Benjamin Franklin. ¿Corresponde con estos ideales la realidad actual en este país?

H. Yo, poeta   ¡Sea creativo/a! Trabajen solos/as o en parejas para crear un poema sencillo de tipo «quintilla». Vean el siguiente modelo y las instrucciones para escribir una quintilla en la página 11. Luego, escriban una quintilla sobre uno de los siguientes temas: la niñez, las travesuras infantiles, la fantasía.

MODELO: Las viejitas
Pobres mujeres
Pidiendo, esperando, agradeciendo
No es la vida que esperaban
Limosneras

I. @ explorar un poco más

«Con los ojos cerrados» tiene lugar en Cuba después de la Revolución cubana, durante la dictadura de Fidel Castro. Se podría sugerir que el niño imagina un mundo alternativo al que vive Cuba en ese momento.

Paso 1   Fuera de clase, busque en el Internet o en la biblioteca más información sobre la Revolución cubana. Después, formen grupos de cuatro para compartirla.

1. ¿Cuándo fue?

2. ¿Quiénes eran los líderes?

3. ¿Por qué empezó la Revolución?

4. ¿Cuál fue el resultado?

5. ¿Cómo es el sistema político actual en Cuba? ¿Cuáles son las ventajas y desventajas de este sistema?

6. ¿Qué relación tiene los Estados Unidos con Cuba ahora?

Paso 2   Escriba un informe usando la información que Ud. y sus compañeros han encontrado sobre la Revolución cubana y la situación actual del país.

Lectura II: *Tiempo muerto* (selecciones)

Avelino Stanley

Avelino Stanley nació en la Romana, República Dominicana, en el año 1959. Este escritor afrodominicano es una de las voces más importantes de la narrativa dominicana contemporánea. Ha publicado una gran variedad de novelas y cuentos. Entre sus obras pueden mencionarse las novelas *Equis* (1986) y *Catedral de la libido* (1994) y las colecciones de cuentos *Cuentos* (1988) y *La máscara del tiempo* (1996). La siguiente lectura es una selección de la novela *Tiempo muerto*, con la que el autor obtuvo el Premio Nacional de la Novela en su país, en 1997.

Hacia finales del siglo XIX, la República Dominicana disfrutaba de una floreciente industria azucarera que representó una oportunidad de trabajo para muchos angloparlantes (*English speakers*) de las Antillas. Muchos de ellos inmigraron a la República Dominicana, creando una nueva cultura «cocola» (un término despectivo [*derogatory*] en esa época) que combinaba tradiciones anglocaribeñas y dominicanas. En *Tiempo muerto*, Stanley describe las vivencias y sufrimientos de los *cocolos* en el entorno del ingenio azucarero (*sugarcane plantation*). La novela se concentra en la vida en el ingenio durante el tiempo muerto, o sea, después del corte de la caña, y presenta la riqueza cultural de esta comunidad. La siguiente selección viene del último capítulo de la novela y describe el funeral de Raymond Smith, o papabuelo, uno de los personajes principales.

Antes de leer

A. Para comentar Conversen sobre las siguientes preguntas en grupos pequeños.

1. ¿Qué acciones o emociones asocia Ud. con la frase «tiempo muerto»?
2. ¿Cómo será la vida de los trabajadores del ingenio durante el tiempo muerto?
3. ¿Qué ceremonias o rituales relaciona Ud. con un funeral?
4. ¿Qué emociones asocia Ud. con la muerte de una persona querida?

VOCABULARIO

B. Vocabulario del tema

Paso 1 Palabras clave Estudie la ficha del vocabulario útil de la página siguiente para comprender y conversar sobre la lectura. Después, en parejas, completen las oraciones con la palabra apropiada, según el contexto.

el entierro	el ingenio	el nicho
burial	plantation	niche
acercarse	alcanzar a ver	armarse
to approach	to make out, to see	to arm oneself (with courage)
duro/a	profundo/a	vacío/a
hard	deep	empty

1. La comunidad llevaba generaciones haciendo trabajo muy _____ en _____ de azúcar.

2. Se reunieron todos para _____ de papabuelo, el miembro mayor de la comunidad.

3. Mariíta le dice a mamabuela: «Mire, ya se _____ las cruces del cementerio».

4. La muerte de su esposo le entristecía profundamente, y mamabuela tuvo que _____ de valor, ponerse fuerte.

5. Mientras la procesión funeraria _____, Mariíta le explicaba a mamabuela qué pasaba y quiénes estaban.

Paso 2 Vocabulario en contexto En parejas, comenten el significado de cada palabra o frase subrayada, según el contexto.

1. «Ingresó como miembro de esta sociedad en septiembre de 1935.»
   a. Nació
   b. Trabajó
   c. Entró

2. «Póngase fuerte porque aquí hay mucha gente.»
   a. Demuestre valor
   b. Coma más
   c. Cuídese de la gente

3. « ...reunieron a los de la banda y están de lo más acompasados a pesar de todo el tiempo que hacía que no tocaban.»
   a. tocan muy mal
   b. tienen buen ritmo
   c. tienen mucha energía

4. «Dicen que él mandó a parar el turno de por la mañana para que los trabajadores pudieran venir al entierro.»
   a. dio la autorización para que no trabajaran
   b. no le gustaba trabajar
   c. no quería participar

5. «Se lo digo para que cuando lo sepa siga así; para que no se ponga mala.»
   a. no pierda el control de sus emociones
   b. no sea mala gente
   c. rompa algo

6. «Van <u>rumbo al</u> panteón de la sociedad.»
   a. en dirección a
   b. bailando en
   c. a limpiar el

7. «Lloremos porque así <u>nos desahogamos</u> de todo lo que hemos pasado en todos estos días.»
   a. celebramos
   b. recordamos
   c. nos aliviamos

 C. Visualización Mientras lee, trate de visualizar la apariencia física y los rasgos de personalidad de los siguientes personajes.

- Mariíta, la nieta
- mamabuela
- papabuelo

Tiempo muerto (selecciones)

En estos fragmentos, Mariíta habla de su papabuelo y cómo era su vida en el ingenio azucarero.

1 A veces pienso que papabuelo fue un héroe. Un héroe de una población donde el heroísmo es sólo la capacidad de soportar condiciones adversas en la realización del trabajo honesto. Sí. Hay que ser un héroe para durar treinta y cinco años dentro del ingenio y, al final, salir sólo con una pequeña
5 pensión. Se convirtió en un pensionado de los que se reúnen en la esquina del parque a esperar un chequecito mes tras mes hasta que llega la muerte. Es como si el mismo trabajo que dignificara, también deshonrara.

…

El día que papabuelo me contó cómo fue que llegó al piso[1] de azúcar me dio pena. También me dio rabia.[2] Yo creo que desde ese día fue que se me

(continúa)

[1]*Warehouse*   [2]*Me... it made me angry*

10 entró esa rebeldía que jamás he contenido. Porque no es posible que a un hombre de trabajo se le den semejantes tratos. Sea quien sea, como trabajador no se le puede dar ese trato. Papabuelo resistió mucho. Veintinueve años de su vida ocupando distintos puestos en el ingenio es mucho.

…

Un ejemplo de lo lejos que se puede llegar con la dedicación es papa-
15 buelo. Todos los *cocolos* son así, dedicados. Sí. Porque él fue ascendiendo en el ingenio hasta que llegó a ser maestro de la centrífuga. El mismo presidente de la república le entregó un diploma de reconocimiento. Fue el año en que se celebró el día del azúcar. El mejor azucarero del año.

| ¿Quién(es)? ¿Dónde? ¿Qué pasó? |

En este fragmento, Mariíta y mamabuela están en el funeral de papabuelo.
20 *Mariíta ayuda a mamabuela a sobrellevar* (endure) *la muerte de su marido.*

—Queridos hermanos y hermanas. Estamos reunidos aquí por un motivo de tristeza. Un hermano ha muerto. Fue un hermano que dio mucho por esta comunidad. Ingresó como miembro de esta sociedad* en septiembre de 1935. Desde entonces, se dedicó con entrega al…
25 —Está bien, ya, ya mamabuela; vamos a hacer una cosa. Cierre los ojos. Ciérrelos lentamente, que yo le voy a ir contando todo lo que hagan. Sí. ¿Usted está oyendo la canción? Óigala; es en inglés; usted la entiende.[†] Ahora se le están acercando todas las mujeres. Están vestidas totalmente de blanco. Ya están todas. Ahora vienen los hombres. Usted oye que no paran
30 de cantar. Siguen. Ya lo van a sacar. Se están poniendo en fila.[3] Van saliendo las mujeres y los hombres vestidos de blanco.[v] Vamos, vamos. Camine tranquila, mamabuela, que nos vamos para el cementerio. Las tías dicen que si usted se sigue poniendo mal, la van a llevar para la casa; que no la van a dejar ir al cementerio. Pero usted no se va a poner mal. No, no se
35 va a poner. Porque usted y yo tenemos que ir con él hasta el cementerio. Vamos a ir así, como todos, caminando. Que el cementerio no está lejos. Póngase fuerte porque aquí hay mucha gente.
—¿Quiénes están, mi hija, quiénes están?
—Los que van alante[4] son los miembros de la sociedad; las mujeres y
40 los hombres. Van en fila vestidos de blanco. Llevan espadas[5] de madera en las manos. Los demás, adelante, llevan la banderola[6] de la sociedad. Detrás de ellos va la banda de música. Ellos están tocando la música que usted está escuchando. Allá alcanzo a ver al administrador del ingenio. Anda con dos o tres más. Dicen que él mandó a parar el turno[7] de por la
45 mañana para que los trabajadores pudieran venir al entierro.[8] Camine, mamá, camine; venga por aquí, siga caminando que le voy a seguir

[3]*Se… They're getting in line.*   [4]adelante, en frente   [5]*swords*   [6]*sash*   [7]*shift*   [8]*burial*

---

*«Sociedad», en este caso, se refiere a la asociación cultural y religiosa que une los trabajadores del ingenio azucarero.
[†]Los primeros trabajadores vinieron de las Antillas inglesas y hablaban inglés. Por eso, preservan algunas canciones en inglés, las cuales la abuela entiende pero la nieta, de la segunda generación nacida en la República Dominicana, no.

diciendo todo lo que está pasando. El ataúd⁹ viene en el *catafá*.¹⁰ La sociedad usó el que tenía de <u>reliquia.</u> Lo revisaron bien y lo echaron a andar.
Vino un cochero de San Pedro de Macorís para conducirlo. Trajo hasta su
caballo para tirarlo.¹¹ Venga, mamabuela, siga armándose de valor y deje
ese quejido.¹²

¿Quién(es)? ¿Dónde? ¿Qué pasó?

¿Usted no está oyendo la música? Claro, sí, que reunieron los de la banda y
están de lo más acompasados a pesar de todo el tiempo que hacía que no
tocaban. ¡Ay, mamabuela, si usted pudiera ver cuánta gente! Yo creo que
toda la gente que vive en el ingenio viene detrás de nosotras. ¿Usted sabe a
quién alcancé a ver? Se va a animar cuando se lo diga. Alcancé a ver por
ahí atrás a Jacob. Viene junto con las tías. También vino con esa mujer, la
socióloga que vive con él. El sol quema, ¿verdad mamabuela? No se pre-
ocupe, que con esta sombrilla¹³ que nos prestaron la voy a cubrir bien. Ya
hemos avanzado bastante. No estamos tan lejos. Mire, ya se alcanzan a ver
las cruces¹⁴ del cementerio. Se lo digo para que cuando lo sepa siga así;
para que no se ponga mala. Ahora sí, mamabuela, ahora sí usted va a ver.
Ahora que hemos doblado mire para allá, mire cuánta gente <u>a pie</u>, en moto-
cicleta, en vehículos. Parece que todo el pueblo vino a dar este adiós como
si se tratara del último de los *cocolos*. ¿Usted ve cómo se ha desbordado¹⁵
toda la gente del ingenio?ᵛ Es que a papabuelo lo querían mucho. Nunca le
hizo daño a nadie y lo conocía tanta gente. Camine, mamabuela, que ya
casi llegamos. Venga por aquí, sí, por aquí. Mire, ya el *catafá* se viene acercando. Van rumbo al panteón¹⁶ de la sociedad. Era el último nicho que quedaba vacío. ¡Ay, qué pena, el pobre papabuelo! Bueno, venga, mamabuela,
póngase por aquí, venga, abráceme, apóyese de mí y llore; llore ahora todo
lo que usted quiera; <u>presiento</u> que yo también voy a llorar. Lloremos juntas
para que él sienta nuestro amor de cerca por última vez. Porque después
vamos a seguir llorándolo; aunque de lejos. Lloremos porque así nos desa-
hogamos de todo lo que hemos pasado en todos estos días. ¡Ay, abuela,
qué dolor tan grande éste que sentimos! Ya están terminando de sellar¹⁷ el
nicho. Se va el *catafá*. También se va la banda de música. Camine, tenemos
que volver a la casa. Oiga, van tocando la misma pieza; pero ahora en un
ritmo más rápido. Es el toque auténtico de la vieja costumbre *cocola*. Es una
música viva aunque siempre evoque al sufrimiento de nuestra raza negra.
Es posible que ésta sea la última vez que se toque. Desde hoy sólo quedará
en la memoria del último descendiente. Estamos llorando, mamabuela, porque el dolor es muy profundo. Es como si estuviéramos sintiendo todo el dolor de esta etnia que por tanto tiempo sufrió durante cada una de las zafras.¹⁸
Y también, con mayor rigor, cada vez que llegaba el tiempo muerto.

¿Quién(es)? ¿Dónde? ¿Qué pasó?

---

⁹*casket*   ¹⁰carro fúnebre   ¹¹*pull it*   ¹²*whimpering*   ¹³*parasol*   ¹⁴*crosses*   ¹⁵*overflowed*   ¹⁶*resting place*   ¹⁷*sealing*   ¹⁸*sugarcane harvests*

Después de leer

A. Comprensión

Paso 1 Conteste las siguientes preguntas, según la lectura.

1. ¿Por qué piensa Mariíta que su abuelo fue un héroe?
2. ¿Por qué le molesta a Mariíta la manera en que su abuelo ha pasado su vida?
3. ¿Dónde están los personajes? ¿Cuál es la ocasión?
4. ¿Qué relación tienen las dos mujeres con la persona que murió?
5. ¿Por qué le pide la nieta a la mamabuela que cierre los ojos mientras le cuenta lo que pasa?
6. Describa por lo menos tres de los rituales que se practican en este funeral.
7. ¿Funciona bien el *catafá*? ¿Cómo se sabe?
8. ¿Qué importancia tiene el hecho de que la sociedad use el *catafá* que tiene de reliquia? ¿Qué comentario hace sobre el papel que ocupaba el personaje en la sociedad y la comunidad *cocola*?
9. ¿Por qué le pide a mamabuela que abra los ojos la nieta?
10. En su opinión, ¿qué significan las últimas oraciones de la lectura?

Paso 2 Con un compañero / una compañera, vuelvan a la lista de personajes que se encuentra en **Antes de leer.** Escriban una lista de palabras o expresiones que Uds. asocian con cada personaje.

Paso 3 Complete las siguientes oraciones como si Ud. fuera Mariíta. Comparta sus oraciones con su compañero/a.

1. La mamabuela está muy triste porque…
2. Si ella sigue llorando tanto, las tías van a mandarla a casa. Pero yo…
3. Es obvio que la gente de la sociedad…

Paso 4 En parejas, preparen un reportaje sobre el funeral para un periódico dominicano.

REACCIONAR
R
RECOMENDAR

B. Punto clave: Reacciones y recomendaciones

Paso 1 Mamabuela llora desconsoladamente y no acepta la muerte de su esposo. Mariíta tiene una relación muy estrecha con mamabuela y se preocupa mucho por ella. Pero una de sus primas, Cecilia, tiene menos paciencia y hoy está un poco irritable e intolerante, y se queja con su tía. Complete el diálogo con la forma verbal apropiada de los verbos entre paréntesis.

CECILIA: Estoy harta de que mamabuela (llorar) _____ todo el tiempo.

TÍA: Entiendo tus quejas, sobrina, pero te ruego que la (apoyar) _____ y que (ser) _____ un poco más comprensiva con ella.

CECILIA: ¡Ay, tía! Sugiero que (compartir) _____ un día completo con mamabuela. Si lo haces, vas a comprobar que está insoportable.

TÍA: No me gusta que (hablar) _____ así de tu mamabuela. Mira, Cecilia, en estos momentos difíciles yo prefiero que nosotras (mantener) _____ la unidad familiar. Recomiendo que por el momento todos (acostumbrarse) _____ a la tristeza de la mamabuela.

Paso 2 La mamabuela sigue extrañando muchísimo al papabuelo. Las tías de Mariíta sugieren que ella haga varias cosas para animarla. Use los siguientes verbos: **acompañar, apoyar, contar, dejar, regañar, ser.**

1. ¡No _____ ! 4. ¡ _____ !
2. ¡ _____ ! 5. ¡No _____ !
3. ¡ _____ ! 6. ¡No _____ !

C. ¡A dramatizar! En parejas, dramaticen una de las siguientes situaciones. Es necesario que consideren el contexto de la lectura.

Situación 1: Dos de los compañeros de trabajo que fueron al funeral del papabuelo comentan la ceremonia.

El primer compañero / la primera compañera: Ud. critica todo lo que se hizo durante la ceremonia. Hable sobre lo que querrá que se haga cuando Ud. se muera.

El segundo compañero / la segunda compañera: Ud. lamenta la pérdida de los rituales tradicionales. Hable sobre cómo serán los funerales en el futuro si los jóvenes no hacen nada para preservar la tradición. Sea pesimista.

Situación 2: El papabuelo ha dejado su reloj a uno de sus nietos mayores, pero el hermano de Mariíta cree que su abuelo debió haberle dejado el reloj a él, porque siempre fue su nieto preferido.

El nieto preferido: Ud. expresa su profunda tristeza sobre la pérdida de su abuelo. Hable con su primo para pedirle que le dé ese pequeño recuerdo de su abuelo. Reaccione a lo que Ud. considera su egoísmo y pídale que tome en cuenta los deseos y sentimientos de Ud.

El nieto mayor: Ud. es una persona muy testaruda y poco generosa. Reaccione con desprecio (*disdain*) al pedido de su primo y explíquele por qué Ud. tiene el derecho de poseer el reloj del abuelo.

D. Hacia el análisis literario: El género, la etnicidad y la clase social

El género, la etnicidad y la clase social son categorías que marcan profundamente la identidad del individuo. Juntos con otros elementos (tales como la sexualidad, la religión y la edad), tienen una influencia determinante en cómo el sujeto percibe, experimenta e interactúa con el mundo. Se ha escrito mucho sobre la importancia de estas categorías en la literatura y son términos muy amplios y complicados, pero se puede empezar a definirlos de la siguiente manera:

- *El género* se refiere al papel social del hombre y de la mujer. Difiere de la categoría biológica sexual, ya que implica toda una serie de elementos que la sociedad asocia con lo masculino y lo femenino.

- *La etnicidad* implica la identificación del individuo con un grupo étnico determinado que comparte una historia, una lengua, unas costumbres y, a menudo, una religión, entre otros elementos culturales.

- *La clase social* se refiere a la situación socioeconómica del sujeto. También puede asociarse con el nivel de educación, ocupaciones laborales, poder adquisitivo (*purchasing power*) y el nivel de acceso al poder gubernamental, social y económico. A menudo, cuando se define esta categoría, se habla de la clase obrera o trabajadora, la clase media, la clase media alta o la clase alta o dominante.

A base de esta breve introducción a estas categorías, piense en cómo se representan dentro de la selección que acaba de leer y conteste las siguientes preguntas.

1. ¿Qué importancia tiene el hecho de que los personajes que narran y comentan el funeral sean mujeres? ¿Qué revela el diálogo sobre la posición de la mujer dentro de esta comunidad? Al enfocarse la narración en la abuela y la nieta, ¿qué nos dice sobre el pasado y el posible futuro de esta comunidad?

2. ¿Cuál es la etnicidad de la comunidad que se presenta en esta narración? ¿Qué elementos de la narración se asocian con la etnicidad de los personajes? ¿Cuándo se habla directamente sobre la etnicidad y sobre las preocupaciones de la comunidad étnica?

3. ¿Cuál es la clase social de los personajes? ¿Qué elementos de la narración indican su clase social? ¿Se nota algún orgullo de clase en este texto? Explique su respuesta.

E. Las siete metas comunicativas en contexto

Paso 1 Escriba dos o tres oraciones para cada meta comunicativa. Preste atención a los puntos gramaticales que debe usar para hacer oraciones precisas.

1. Aunque el papabuelo no habla directamente en el texto, trate Ud. de describirlo en sus propias palabras de acuerdo con la información que obtuvo del contexto.

2. Basándose en las últimas oraciones del cuento, ¿cómo cree Ud. que era la vida en los ingenios durante la zafra, en contraste con la vida durante el tiempo muerto?

3. Mariíta está convencida de que tanto ella como la mamabuela no podrán superar (*overcome*) la pérdida del abuelo. ¿Qué sugerencias y consejos tiene Ud. para ellas?

4. Imagínese cómo fue la vida del papabuelo en el ingenio. ¿Qué hacía todos los días? ¿Cómo eran las condiciones en las que trabajaba?

5. ¿Qué costumbres les preocupa mantener a los miembros de la sociedad? ¿Por qué les interesan esas costumbres?

6. ¿Cómo le gustaría a Ud. que fuera su funeral? Si Ud. tuviera la capacidad de elegir, ¿qué tipo de ceremonias o rituales le gustaría que se practicaran?

7. ¿Qué pasará con la generación de *cocolos* más jóvenes? ¿Dejarán el ingenio? ¿Cómo participarán en la vida dominicana?

Paso 2 Incorpore las ideas de por lo menos dos de las preguntas o afirmaciones anteriores para escribir una composición creativa que explore los temas principales de la lectura.

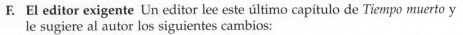

F. El editor exigente Un editor lee este último capítulo de *Tiempo muerto* y le sugiere al autor los siguientes cambios:

«En un momento de la ceremonia fúnebre se escucha una voz que dice: —Estamos reunidos aquí por un motivo de tristeza. Un hermano ha muerto. Fue un hermano que dio mucho por esta comunidad. Ingresó como miembro de esta sociedad en septiembre de 1935.— No sé nada sobre la vida de ese hombre. Dígame más sobre qué hizo por su comunidad en el año 1935 cuando llegó a incorporarse a la vida de trabajo de un ingenio dominicano.»

Escriba uno o dos párrafos en los que describa la llegada del abuelo, en ese momento un hombre joven, al ingenio. Mantenga el tono y las expresiones de un discurso que se pronuncia durante un funeral.

G. ¡A conversar! Conversen sobre las siguientes preguntas en grupos pequeños.

1. La nieta habla de su abuelo como un héroe. Para ella, su heroísmo viene más de su vida diaria que de ningún acto extraordinario en particular. ¿Conoce o ha conocido Ud. a una persona que considera un héroe / una heroína? ¿Qué características tiene esa persona que la hacen un héroe / una heroína?

2. Dice el texto que posiblemente sea la última vez que se toque la música funeraria y que «Desde hoy sólo quedará en la memoria del último descendiente». ¿Qué significa esta frase? ¿Qué implicaciones puede tener para esa comunidad el hecho de que el papabuelo ocupe «el último nicho que quedaba vacío»?

3. Converse sobre la relación entre la vida y la muerte, según se trata en la lectura. ¿Qué aspectos de la lectura se relacionan con la vida? ¿y con la muerte?

4. Hable sobre la importancia de las ceremonias y los rituales para mantener las raíces culturales de una comunidad. ¿Puede pensar en ceremonias o rituales que son especialmente importantes para su comunidad o para su propia identidad?

5. Se habla mucho de los animales que están en peligro de extinción. ¿Puede pensar en algún grupo étnico que esté en peligro de extinción? ¿Qué puede causar la pérdida de un grupo étnico? ¿Tiene el mismo efecto en el mundo perder una cultura que perder una especie de animal? ¿Tenemos los seres humanos la obligación de hacer lo posible para preservar los grupos étnicos que están en peligro de extinción?

H. Yo, poeta ¡Sea creativo/a! Trabajen solos/as o en parejas para crear un poema sencillo de tipo «quintilla». Vean el siguiente modelo y las instrucciones para escribir una quintilla en la página 11. Luego, escriban una quintilla sobre uno de los siguientes temas: la muerte, los abuelos, la herencia.

MODELO: Mariíta
Querida abuela
Tranquilizarla, guiarla, quererla
Porque me ha criado con tanto cariño
Nieta

I. 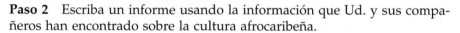 **@ explorar un poco más**

Las diásporas (*dispersions*) africanas a las islas caribeñas contribuyeron de manera significativa a la cultura de esa zona. En Cuba, la República Dominicana y Puerto Rico, se habla de la mezcla de tres culturas: la africana, la española y la indígena.

Paso 1 Fuera de clase, busque en el Internet o en la biblioteca más información sobre las contribuciones de las culturas africanas al Caribe hispano. Después, formen grupos de cuatro para compartirla.

1. Nombre algunos escritores afrocaribeños. ¿De qué país es cada uno/a? ¿Cómo se refleja la herencia africana en su obra?

2. Busque un poema *afrocaribeño* para compartir con la clase.

3. ¿De qué manera han influido las culturas africanas en la música caribeña? Hable de instrumentos, ritmos y temas que reflejen las raíces africanas en la música.

4. ¿Qué es la santería? ¿Qué impacto tiene en las creencias y prácticas espirituales de los habitantes de las islas caribeñas?

Paso 2 Escriba un informe usando la información que Ud. y sus compañeros han encontrado sobre la cultura afrocaribeña.

Pasiones y sentimientos

Plaza de la Constitución, México, D.F.

ESTADOS UNIDOS

Sonora

el Río Bravo

el Golfo de California

Chihuahua

Monterrey

el Golfo de México

CUBA

MÉXICO

Guanajuato

la Península del Yucatán

Aguascalientes

Veracruz

el Mar Caribe

Guadalajara

México, D.F.

Mérida

Uruapan

Jalapa

Puebla

BELICE

Michoacán

HONDURAS

Zitácuaro

el Océano Pacífico

Oaxaca Chiapas

GUATEMALA

EL SALVADOR

NICARAGUA

En este capítulo...

Lectura I: «Cristina Martínez» de *Mujeres de ojos grandes*

Ángeles Mastretta

Ángeles Mastretta nació en Puebla, México, en 1949. Hizo sus estudios de periodismo en la Universidad Autónoma de México (UNAM), en la capital del país, y ha colaborado en varias revistas y periódicos mexicanos. Durante los años 70 y 80 fue una figura importante en el movimiento feminista mexicano, y la mayoría de sus artículos periodísticos y de sus libros de ficción tratan (*deal with*) el tema de la mujer. Entre sus obras narrativas se destacan las novelas *Arráncame la vida* (1985, Premio Mazatlán) y *Mal de amores* (1996, Premio Rómulo Gallegos).

El siguiente texto viene del segundo libro de Mastretta, *Mujeres de ojos grandes* (1990), una serie de 37 viñetas de mujeres criadas para los papeles más tradicionales de la mujer: esposa, madre, ama de casa. Sin embargo, Mastretta se empeña en demostrar que, a pesar de sus límites, estas mujeres son fuertes, poseedoras de una sabiduría (*wisdom*) femenina inigualable por los hombres. Cristina Martínez es una mujer que se niega a conformarse con los únicos papeles que la sociedad le permite y decide tomar control de su propio destino.

Antes de leer

A. Para comentar Conversen sobre las siguientes preguntas en grupos pequeños.

1. ¿Cuáles son los papeles tradicionales de la mujer? En épocas anteriores, ¿qué posibilidades tenían las mujeres que no se casaban?

2. ¿Cree Ud. que un hombre y una mujer puedan ser amigos íntimos sin llevar una relación romántica? Explique su respuesta.

B. Vocabulario del tema

Paso 1 Palabras clave Estudie la ficha del vocabulario útil para comprender y conversar sobre la lectura. Después, en parejas, completen las oraciones con la palabra apropiada, según el contexto.

el anillo *ring*	la solterona *old maid*	la viuda *widow*
extrañar *to miss*	proponer *to propose*	recuperarse *to recover*
envejecido/a *aged*	imperdonable *unforgivable*	inesperado/a *unexpected*

1. La tía Cristina Martínez no era bonita, pero tenía algo que la hacía interesante. Cuando cumplió veintiún años sin haberse casado, todos pensaban que iba a ser una _____ para siempre.

2. Todo cambió cuando un mensajero llegó a la casa de Cristina con el anillo que ella se había probado esa mañana, acompañado de un mensaje de un señor Arqueros, en el que le _____ matrimonio.

3. Como nunca había conocido al señor Arqueros, la petición fue totalmente _____.

4. Después de casarse por poderes (*by proxy*), Cristina salió para España para juntarse con su nuevo esposo. Allí estaba feliz, aunque _____ a su familia.

5. Un año después de casarse, su marido se murió y Cristina volvió a México para _____ de la pérdida.

6. Su vida como _____ era bastante parecida a la de soltera, aunque tenía más libertad.

Paso 2 Vocabulario en contexto El contexto es sumamente importante para ayudarle a determinar el significado de una palabra desconocida. Con un compañero / una compañera, determinen el significado de cada palabra o frase subrayada, según el contexto.

1. «No era bonita la tía Cristina Martínez, pero algo tenía en sus piernas flacas y su <u>voz atropellada</u> que la hacía interesante.»

   a. *loud voice*   b. *impetuous voice*   c. *high-pitched voice*

2. «Los <u>brillantes del aparador</u> la habían hecho entrar para saber cuánto costaba un anillo de compromiso que era la ilusión de su vida.»

   a. *diamonds in the window*   b. *bright apparatus*
   c. *engagement diamonds*

3. «Sus conceptos sobre la vida, las mujeres y los hombres, su deliciosa voz y la libertad con que camina <u>me deslumbraron</u>.»

   a. *frightened me*   b. *dazzled me*   c. *disappointed me*

4. «La mamá de Cristina se negaba a creerle que sólo una vez hubiera visto al español, y en cuanto Suárez desapareció con la respuesta de que iban a pensarlo, la acusó de mil <u>pirujerías</u>.»

   a. *perjury*   b. *naïveté*   c. *promiscuous behavior*

5. «No volveré a México en varios años, pero le propongo que me <u>alcance</u> en España.»

   a. *write*   b. *leave*   c. *meet up with*

C. Visualización Mientras lee, trate de visualizar la apariencia física y los rasgos de personalidad de los siguientes personajes.

- Cristina Martínez, la protagonista
- la madre de Cristina
- el señor Arqueros
- Emilio Suárez

«Cristina Martínez» de *Mujeres de ojos grandes*

1   No era bonita la tía Cristina Martínez, pero algo tenía en sus piernas flacas y su voz atropellada que la hacía interesante. Por desgracia, los hombres de Puebla no andaban buscando mujeres interesantes para casarse con ellas y la tía Cristina cumplió veinte años sin que nadie le hubiera propuesto ni siquiera un no-

5 viazgo de buen nivel. Cuando cumplió veintiuno, sus cuatro hermanas estaban casadas para bien o para mal y ella pasaba el día entero con la humillación de estarse quedando para vestir santos.[1] En poco tiempo, sus sobrinos la llamarían quedada[2] y ella no estaba segura de poder soportar ese golpe. Fue después de aquel cumpleaños, que terminó con las lágrimas de su madre a la hora en que

 VOCABULARIO 10 ella <u>sopló</u> las velas del pastel, cuando apareció en el horizonte el señor Arqueros.

    Cristina volvió una mañana del centro, a donde fue para comprar unos botones de concha[3] y un metro de encaje,[4] contando que había conocido a un español de buena clase en la joyería *La Princesa.* Los brillantes[5] del aparador[6] la habían hecho entrar para saber cuánto costaba un anillo de compromiso[7]

15 que era la ilusión de su vida. Cuando le dijeron el precio le pareció correcto y lamentó no ser un hombre para comprarlo en ese instante con el propósito de ponérselo algún día.

    —Ellos pueden tener el anillo antes que la novia, hasta pueden elegir una novia que le haga juego[8] al anillo. En cambio, nosotras sólo tenemos que es-

20 perar. Hay quienes esperan durante toda su vida, y quienes cargan para siempre con un anillo que les disgusta, ¿no crees? —le preguntó a su madre durante la comida.

    —Ya no te pelees con los hombres, Cristina —dijo su madre—. ¿Quién va a ver por ti cuando me muera?

25   —Yo, mamá, no te preocupes. Yo voy a ver por mí.

 VERIFICAR

¿Quién(es)? ¿Dónde? ¿Qué pasó?

    En la tarde, un mensajero de la joyería se presentó en la casa con el anillo que la tía Cristina se había probado extendiendo la mano para mirarlo por todos lados mientras decía un montón de cosas parecidas a las que le repitió a su madre en el comedor. Llevaba también un sobre lacrado[9] con el nombre

VISUALIZAR 30 y los apellidos de Cristina.[v]

    Ambas cosas las enviaba el señor Arqueros, con su devoción, sus respetos y la pena de no llevarlos él mismo porque su barco salía a Veracruz al día siguiente y él viajó parte de ese día y toda la noche para llegar a tiempo. El mensaje le proponía matrimonio: «Sus conceptos sobre la vida, las mujeres y

35 los hombres, su deliciosa voz y la libertad con que camina me deslumbraron. No volveré a México en varios años, pero le propongo que me alcance en España. Mi amigo Emilio Suárez se presentará ante sus padres dentro de poco. Dejo en él mi confianza y en usted mi esperanza.»

---

[1]estarse… *becoming an old maid*   [2]solterona   [3]botones… *tortiseshell buttons*   [4]*lace*   [5]*diamonds*
[6]*display window*   [7]anillo… *engagement ring*   [8]le… *goes with*   [9]sobre… *envelope sealed with wax*

Emilio Suárez era el hombre de los sueños adolescentes de Cristina. Le
llevaba doce años y seguía soltero cuando ella tenía veintiuno. Era rico como
la selva en las lluvias y arisco[10] como los montes en enero. Le habían hecho
la búsqueda todas las mujeres de la ciudad y las más afortunadas sólo obtu-
vieron el trofeo de una nieve[11] en los portales. Sin embargo, se presentó en
casa de Cristina para pedir, en nombre de su amigo; un matrimonio por poder en el que con mucho gusto sería su representante.

La mamá de la tía Cristina se negaba a creerle que sólo una vez hubiera
visto al español, y en cuanto Suárez desapareció con la respuesta de que iban
a pensarlo, la acusó de mil pirujerías. Pero era tal el gesto de asombro[12] de
su hija, que terminó pidiéndole perdón a ella y permiso al cielo en que
estaba su marido para cometer la barbaridad de casarla con un extraño.

VERIFICAR | ¿Quién(es)? ¿Dónde? ¿Qué pasó?

Cuando salió de la angustia propia de las sorpresas, la tía Cristina miró
su anillo y empezó a llorar por sus hermanas, por su madre, por sus amigas,
por su barrio, por la catedral, por el zócalo,[13] por los volcanes, por el cielo,
por el mole, por las chalupas, por el himno nacional, por la carretera a México, por Cholula, por Coetzalán, por los aromados[14] huesos de su papá, por
las cazuelas, por los chocolates raposos, por la música, por el olor de las
tortillas, por el río San Francisco, por el rancho de su amiga Elena y los
potreros[15] de su tío Abelardo, por la luna de octubre y la de marzo, por el
sol de febrero, por su arrogante soltería, por Emilio Suárez que en toda la
vida de mirarla nunca oyó su voz ni se fijó en cómo carambas caminaba.[v]

(continúa)

---

[10]*surly*   [11]helado (*Méx.*)   [12]sorpresa   [13]plaza principal   [14]*sacred*   [15]*colts*

Al día siguiente salió a la calle con la noticia y su anillo brillándole. Seis meses después se casó con el señor Arqueros frente a un cura, un notario y los ojos de Suárez. Hubo misa, banquete, baile y despedidas. Todo con el mismo entusiasmo que si el novio estuviera de este lado del mar. Dicen que no se vio novia más radiante en mucho tiempo.

Dos días después Cristina salió de Veracruz hacia el puerto donde el señor Arqueros con toda su <u>caballerosidad</u> la recogería para llevarla a vivir entre sus tías de Valladolid.

De ahí mandó su primera carta diciendo cuánto extrañaba y cuán feliz era. Dedicaba poco espacio a describir el paisaje apretujado[16] de casitas y sembradíos, pero le mandaba a su mamá la receta de una carne con vino tinto que era el platillo de la región, y a sus hermanas dos poemas de un señor García Lorca* que la habían vuelto al revés.[17] Su marido resultó un hombre cuidadoso y trabajador, que vivía riéndose con el modo de hablar español y las historias de aparecidos de su mujer, con su ruborizarse cada vez que oía un «coño» y su terror porque ahí todo el mundo se cagaba en Dios[18] por cualquier motivo y juraba por la hostia[19] sin ningún miramiento.

¿Quién(es)? ¿Dónde? ¿Qué pasó?

Un año de cartas fue y vino antes de aquella en que la tía Cristina refirió a sus papás la muerte inesperada del señor Arqueros. Era una carta breve que parecía no tener sentimientos. «Así de mal estará la pobre», dijo su hermana, la segunda, que sabía de sus veleidades[20] sentimentales y sus desaforadas[21] pasiones. Todas quedaron con la pena de su pena y esperando que en cuanto se recuperara de la conmoción les escribiera con un poco más de claridad sobre su futuro. De eso hablaban un domingo después de la comida cuando la vieron aparecer en la sala.

Llevaba regalos para todos y los sobrinos no la soltaron hasta que terminó de repartirlos. Las piernas le habían engordado y las tenía subidas en unos tacones altísimos, negros como las medias, la falda, la blusa, el saco, el sombrero y el velo que no tuvo tiempo de quitarse de la cara. Cuando acabó la repartición se lo arrancó junto con el sombrero y sonrió.^v

—Pues ya regresé —dijo.

Desde entonces fue la viuda[22] de Arqueros. No cayeron sobre ella las penas de ser una solterona y espantó[23] las otras con su piano desafinado[24] y su voz ardiente.[25] No había que rogarle para que fuera hasta el piano y se acompañara cualquier canción. Tenía en su repertorio toda clase de valses, polkas, corridos, arias y pasos dobles. Les puso letra a unos preludios de

VOCABULARIO

VERIFICAR

VISUALIZAR

65

70

75

80

85

90

95

---

[16]*jam-packed* [17]*la… had moved her* [18]*se… damned God* (expression used for swearing, popular in Spain) [19]*juraba… swore to God* (expression used for swearing, popular in Spain) [20]*whims* [21]*impulsive* [22]*widow* [23]*amazed* [24]*out of tune* [25]*fiery, passionate*

---

*Federico García Lorca (1898–1936) es uno de los poetas y dramaturgos más reconocidos de la literatura española. Fue asesinado al principio de la Guerra Civil española a causa de sus ideas políticas. Entre sus obras de mayor importancia son *Romancero gitano* (1928), *Bodas de sangre* (1933), *La casa de Bernarda Alba* (1936) y *Poeta en Nueva York* (1935).

Chopin y los cantaba evocando romances que nunca se le conocieron. Al terminar su concierto dejaba que todos le aplaudieran y tras levantarse del banquito para hacer una profunda caravana, extendía los brazos, mostraba su anillo y luego, señalándose a sí misma con sus manos envejecidas y hermosas, decía contundente: «Y enterrada en Puebla.»

Cuentan las malas lenguas que el señor Arqueros no existió nunca. Que Emilio Suárez dijo la única mentira de su vida, convencido por quién sabe cuál arte de la tía Cristina. Y que el dinero que llamaba su herencia, lo había sacado de un contrabando cargado en las maletas del ajuar[26] nupcial.

Quién sabe. Lo cierto es que Emilio Suárez y Cristina Martínez fueron amigos hasta el último de sus días. Cosa que nadie les perdonó jamás, porque la amistad entre hombres y mujeres es un bien imperdonable.

¿Quién(es)? ¿Dónde? ¿Qué pasó?

[26]*dowry*

Después de leer

A. Comprensión

Paso 1 Indique si las siguientes oraciones son ciertas (**C**) o falsas (**F**). Corrija las oraciones falsas e indique qué parte del texto apoya su elección.

1. _____ Cristina Martínez se casó a los veintiún años.

2. _____ A Cristina le parecía correcto que los hombres fueran los que les pidieran la mano a las mujeres.

3. _____ A Cristina no le preocupaba estar soltera cuando su madre se muriera.

4. _____ Cristina conoció al señor Arqueros antes de casarse con él.

5. _____ El señor Arqueros habló con la madre de Cristina para pedirle la mano.

6. _____ Al señor Arqueros le impresionó la personalidad de Cristina.

7. _____ La madre de Cristina pensaba que hacía mucho tiempo que su hija conocía al señor Arqueros.

8. _____ A Cristina le gustaba la idea de salir de su pueblo.

9. _____ Cristina y el señor Arqueros se casaron en México y después se fueron a vivir a España.

10. _____ Cristina mandó una carta para decir que estaba feliz en España.

11. _____ Después de un año, Cristina se divorció de su esposo.

12. _____ Después de que Cristina regresó a México, su vida fue muy diferente.

13. _____ Todos creyeron que Cristina se había casado con el señor Arqueros.

Paso 2 Con un compañero / una compañera, vuelvan a la lista de personajes que se encuentra en **Antes de leer.** Escriban una lista de palabras o expresiones que Uds. asocian con cada personaje.

Paso 3   Complete las siguientes oraciones como si Ud. fuera la madre de Cristina. Comparta sus oraciones con su compañero/a.

1. Mi hija nunca va a casarse porque…
2. Cuando Cristina se enviudó (*was widowed*) y volvió a México, empezó a…
3. Nadie entiende la relación que Cristina tiene con Emilio Suárez porque…

Paso 4   En parejas, escriban un breve resumen del cuento de Mastretta como si fuera una reseña de una película. Deben mencionar quién hizo los papeles principales de la madre, Cristina, Emilio y el señor Arqueros.

PASADO
P

B. Punto clave: Narración en el pasado

Paso 1   Vuelva a leer los dos primeros párrafos. Subraye los verbos en el pretérito y ponga un círculo alrededor de los verbos en el imperfecto. Después, con un compañero / una compañera, miren las categorías de usos del pretérito y del imperfecto en el apéndice e identifiquen la regla correspondiente de cada verbo en estos párrafos.

Paso 2   Ahora, escriba un párrafo sobre la primera semana que Cristina pasó en España. Utilice los verbos en la columna A para avanzar la historia y los verbos en la columna B para añadir emociones y detalles descriptivos.

A	B
aprender	estar sorprendida
comprar	sentir
conocer a los parientes	tener ganas de
ir	

C. ¡A dramatizar!   En parejas, dramaticen una de las siguientes situaciones.

Situación 1: Antes de la boda, Cristina habla con su madre sobre su futuro matrimonio con el señor Arqueros.

La madre: Le preocupa mucho que su hija se case con un extranjero que apenas conoce. De manera enfática, exprese su opinión de que sería mejor que Cristina se quedara soltera a que cometiera un error tan grave.

Cristina: No puede creer que su madre se oponga a esta oportunidad tan maravillosa. Convénzala de que Ud. sabe lo que hace.

Situación 2: Una exitosa profesional habla con su amiga sobre el matrimonio.

La mujer: Le gusta la vida de soltera y no tiene ninguna intención de casarse. Explique por qué su vida es perfecta tal y como es ahora.

La amiga: Trate de convencer a su amiga de que la verdadera felicidad sólo se encuentra en el matrimonio.

D. Hacia el análisis literario: La narrativa como comentario social

La narrativa siempre es un intento del autor de comunicarse con el lector sobre algún asunto que le parece importante. A menudo lo que quiere comunicar el autor es algún comentario o crítica social. Este comentario o crítica lo realiza de diversas maneras: por las acciones o el diálogo de los personajes, por las observaciones y el tono del narrador, por eventos que se insertan en la narrativa, etcétera. A veces el comentario social es muy evidente y en otras ocasiones está escondido y es muy sutil.

Trabaje con un compañero / una compañera para contestar las siguientes preguntas sobre el comentario social en «Cristina Martínez».

1. En su opinión, ¿cuál es el comentario social de «Cristina Martínez»?

2. ¿Es el comentario social muy obvio, o algo sutil?

3. ¿De qué manera sirve la descripción de los personajes al comentario social que quiere comunicar Mastretta? Piensen en los diferentes tipos de mujeres que se presentan en el texto.

4. ¿Cómo sirven las acciones de los personajes para expresar de manera efectiva el comentario social? Piensen en las acciones de la madre, de Cristina y de Emilio Suárez.

5. ¿Cuál es la actitud de la narradora ante los eventos narrados? ¿Es una narradora presente/involucrada o ausente/distante? (Véanse la explicación sobre el narrador en las páginas 19–20. ¿De qué manera contribuye este narrador a la crítica social?

6. Busquen algunas de las frases que en su opinión aportan más a la creación del comentario social en este texto.

E. **Las siete metas comunicativas en contexto**

Paso 1 Escriba dos o tres oraciones para cada meta comunicativa. Preste atención a los puntos gramaticales que debe utilizar para hacer oraciones precisas.

1. Describa a Cristina, tanto su aspecto físico como rasgos de la personalidad.

2. Compare a Cristina con sus hermanas. Use la imaginación si es necesario.

3. Escriba dos reacciones sobre lo que hizo Cristina y dos recomendaciones sobre cómo ella puede mantener su amistad con Emilio Suárez.

4. En su opinión, ¿qué pasó de verdad? ¿Se casó Cristina o no? ¿Qué hizo durante el año que estuvo fuera?

5. ¿Qué le molestaba a Cristina de su vida de soltera? ¿Qué le gusta a Cristina de su vida después de regresar a México?

6. Si Ud. fuera Emilio Suárez, ¿qué haría ahora?

7. ¿Qué pasará entre Cristina y Emilio? Invente su futuro.

Paso 2 Incorpore las ideas de por lo menos dos de las preguntas o afirmaciones anteriores para escribir una composición creativa que explore los temas principales de la lectura.

F. **El editor exigente** Un editor lee el cuento y le sugiere a la autora unos cambios:

«El cuento dice que las hermanas de Cristina 'estaban casadas para bien o para mal'. Quiero saber un poco más sobre los esposos de ellas. ¿Cuáles eran buenos y cuáles eran malos? ¿Por qué los clasifica así? ¿Cómo eran?»

Escriba uno o dos párrafos sobre los cuatro cuñados de Cristina. Mantenga el tono y el estilo del cuento.

G. ¡A conversar! Conversen sobre las siguientes preguntas en grupos pequeños.

1. Antes de salir para España, Cristina «...miró su anillo y empezó a llorar por sus hermanas, por su madre, por sus amigas,...». La narradora nombra 25 personas, cosas y lugares que extrañará Cristina cuando se vaya de México. Si Ud. decidiera casarse con un extranjero / una extranjera, ¿cuáles son las personas, lugares y cosas que extrañaría?

2. ¿Ha tenido o tiene una gran amistad con una persona del sexo opuesto? ¿Qué impacto tiene/tuvo en Ud.? Si ya no son amigos, ¿por qué terminaron su relación?

3. ¿Cree que Cristina Martínez sería una buena feminista? Explique su respuesta. ¿Cree Ud. que Cristina mintió? ¿Qué opina de lo que hizo?

H. Yo, poeta ¡Sea creativo/a! Trabajen solos/as o en parejas para crear un poema sencillo de tipo «quintilla». Vean el siguiente modelo y las instrucciones para escribir una quintilla en la página 11. Luego, escriban una quintilla sobre uno de los siguientes temas: una soltera, Emilio Suárez, la amistad.

MODELO: México
　　　　Luminoso, sabroso
　　　　Oler, comer, pasear
　　　　Voy a extrañar tantas cosas
　　　　Belleza

I. @ explorar un poco más

Antes de irse para España, Cristina Martínez piensa en todas las cosas que extrañará cuando se mude. Son cosas netamente (*inherently*) mexicanas, que tienen un profundo sentido cultural.

Paso 1 Fuera de clase, busque en el Internet o en la biblioteca más información sobre los siguientes temas culturales y conteste las preguntas. Después, formen grupos de cuatro para compartirla.

1. El zócalo: ¿Qué es un zócalo? ¿Cuál es su importancia social? Nombre algunos zócalos famosos.

2. El mole: ¿Qué es el mole? ¿Qué tipos de mole hay?

3. Los volcanes: Nombre algunos volcanes importantes de México. ¿Hay algún mito asociado con ellos?

4. Cholula: ¿Qué es? ¿Por qué es importante?

5. Cristina llora por «los aromados huesos de su papá»: ¿Cuál es la importancia de la muerte y los muertos en la cultura mexicana? ¿Qué es el Día de los Muertos? ¿Cómo y cuándo se celebra?

Paso 2 Escriba un informe usando la información que Ud. y sus compañeros han encontrado sobre México.

Lectura II: *Querido Diego, te abraza Quiela* (selecciones)

Elena Poniatowska

El siguiente texto proviene de una novela de Elena Poniatowska, periodista y novelista mexicana, que nació en París en 1933. Entre sus obras más famosas se encuentran la novela testimonio *Hasta no verte Jesús mío* (1969), una elaboración sobre entrevistas realizadas con una mujer mestiza, Jesusa Palancares, y su novela histórica, *La noche de Tlatelolco* (1971). Su obra se caracteriza por sus preocupaciones con el estado de la sociedad mexicana y la situación de la mujer. En 1978, Poniatowska fue la primera mujer en ganar el Premio Nacional de Periodismo mexicano.

El siguiente fragmento viene de su libro *Querido Diego, te abraza Quiela* (1978). La novela consiste en una serie de cartas ficticias de Angelina Beloff (Quiela), una rusa exiliada, al famoso pintor mexicano, Diego Rivera. En la vida real, Diego y Angelina se conocieron en París, pasaron diez años juntos y tuvieron un hijo que murió muy joven. Durante la terrible época de la Primera Guerra Mundial, Diego decidió regresar a México sin Angelina. En la novela, Poniatowska imagina las cartas que la rusa escribiera al mexicano.

Antes de leer

A. Para comentar Conversen sobre las siguientes preguntas en grupos pequeños.

1. ¿Cómo se explica el concepto del «amor no correspondido»? ¿Conoce Ud. a alguien, o sabe de alguna persona famosa o personaje famoso, que haya sufrido de este tipo de amor?

2. ¿Cuáles son los sentimientos de una persona que nunca logra el amor que desea? ¿Cómo se siente la persona que es objeto de atenciones amorosas que no le interesan?

3. ¿Qué sería peor, romper con alguien (*breaking up with someone*) por medio de una carta o irse sin decir nada? ¿Por qué?

4. ¿Cómo se sentiría Ud. si su pareja tuviera que ir a luchar en una guerra?

5. En su opinión, ¿cómo cambian las relaciones amorosas con la llegada de un hijo / una hija?

B. Vocabulario del tema

Paso 1 Palabras clave Estudie la ficha del vocabulario útil de la página siguiente para comprender y conversar sobre la lectura. Después, en parejas, completen las oraciones con la palabra apropiada, según el contexto.

el boceto	la bondad	la desesperación
sketch	*kindness*	*desperation*
afrontar	**animar**	**mexicanizarse**
to face	*to encourage*	*to become Mexican*
descuidado/a	**ligado/a**	**tierno/a**
unkempt	*tied*	*tender*

1. Cuando Angelina conoció a Diego en París, más que su apariencia «exótica» y su barba _____ y ondulante, le impresionó la _____ de su mirada.

2. Se enamoraron y juntos _____ la vida dura de los años de la Primera Guerra Mundial, y así pasaron diez años.

3. Después de haber pasado tantos años _____ a Diego y sus ideas y sus amigos de habla hispana, Angelina _____ y se sentía más mexicana que rusa.

4. Diego salió para México, dejando a Angelina en un estado de _____ total.

5. Por la ausencia de Diego, Angelina no podía dibujar ni crear nada. En vez de encontrar los _____ y los dibujos habituales en su mesa, se encontraban notas donde escribía sobre su desesperación.

Paso 2 Vocabulario en contexto   Uno de los retos más difíciles que enfrentan los lectores de una lengua extranjera es saber qué hacer con el vocabulario y las expresiones desconocidos. La lectura puede resultar agotadora (*tiresome*), frustrante y aburrida si se para a buscar todos los vocablos (*terms*) que no entiende en un texto. Sobre todo se pierde el placer de la lectura y disminuye la confianza en su capacidad de leer otra lengua. Verá cómo la lectura puede ser un acto placentero (*pleasant*) si se concentra más en lo que ya sabe y menos en lo que todavía no sabe.

En el siguiente ejercicio, Uds. practicarán algunas estrategias útiles para acercarse al vocabulario nuevo y para elegir la palabra o expresión más apropiada para entender el texto. En parejas, lean las frases sacadas de *Querido Diego, te abraza Quiela* y escojan una de las cuatro siguientes estrategias para lidiar con (*deal with*) la palabra subrayada. Marquen **a, b, c** ó **d** después de cada frase para indicar qué estrategia Uds. creen que es la mejor en cada caso. Después, sigan las indicaciones de la estrategia que Uds. escogieron.

a. Usar el contexto de la frase como clave para adivinar (*guess*) el significado de la palabra.

b. Adivinar el significado de la palabra porque se parece a otra que Uds. ya conocen o es un cognado.

c. Saltarse (*skip*) la palabra porque no parece necesaria para entender la oración.

d. Buscar la palabra en un diccionario porque parece esencial para entender el significado de la oración.

1. «Llenabas todo el marco de la puerta con tu metro ochenta de altura, tu barba descuidada y <u>ondulante</u>, tu cara de hombre bueno y sobre todo tu ropa que parecía que iba a <u>reventarse</u> de un momento a otro… »

2. «¡ …el salvaje mexicano, enorme y llamativo y ella, criatura pequeña y dulce envuelta en una leve <u>azulosidad</u>!»

3. « …Diego sólo es un hombre que no escribe porque no me quiere y me ha olvidado por completo. Las últimas palabras están <u>trazadas</u> con violencia, casi rompen el papel… »

4. «Pero ahora, Diego, al ver mi <u>desvarío</u> te lo pregunto y es posiblemente la pregunta más grave que he hecho en mi vida. ¿Ya no me quieres, Diego?»

5. «…podría hasta serte útil, <u>moler</u> tus colores, hacerte los <u>estarcidos</u>, ayudarte como lo hice cuando estuvimos juntos en España y en Francia durante la guerra.»

C. Visualización Mientras lee, trate de visualizar la apariencia física y los rasgos de personalidad de los siguientes personajes.

- Diego
- Angelina

Querido Diego, te abraza Quiela (selecciones)

En el primer fragmento Angelina relata sus recuerdos de cuando los dos se conocieron.

1 Te conocí en *La Rotonde*, Diego, y fue amor a primera vista. Apenas te vi entrar, alto, con tu sombrero de anchas alas,[1] tus ojos saltones,[2] tu sonrisa amable y oí a Zadkin decir: «He aquí al vaquero mexicano»[3] y otros exclamaron: «Voilà l'exotique»,[4] me interesé en ti. Llenabas todo el marco[5] de la puerta

5 con tu metro ochenta de altura, tu barba descuidada y ondulante,[6] tu cara de hombre bueno y sobre todo tu ropa que parecía que iba a reventarse[7] de un momento a otro, la ropa sucia y arrugada de un hombre que no tiene a una mujer que lo cuide. Pero lo que más me impresionó fue la bondad de tu mirada.[v] En torno a[8] ti, podía yo percibir una atmósfera magnética que otros

10 después descubrieron. Todo el mundo se interesaba en ti, en las ideas que exponías con impetuosidad,[9] en tus desordenadas manifestaciones de alegría. Recuerdo aún tu mirada sobre mí, sorprendida, tierna.[10] Luego cuando nos levantamos de la mesa y quedamos el uno junto al otro, Zadkin exclamó: «¡Miren qué chistosos se ven los dos juntos: el salvaje mexicano, enorme y

15 llamativo[11] y ella, <u>criatura</u> pequeña y dulce envuelta en una leve[12]

(continúa)

---

[1]de… *wide-brimmed*   [2]*bulging*   [3]He… *"Here's the Mexican cowboy"*   [4]Voilà… *"There's the exotic one"* (*Fr.*)   [5]*frame*   [6]*wavy*   [7]*split*   [8]En… Alrededor de   [9]*impulsiveness*   [10]*tender*   [11]*attention-grabbing*   [12]*light*

azulosidad!» De una manera natural, sin votos,[13] sin dote,[14] sin convenio económico, sin escritura, sin contrato, nos unimos. Ninguno de los dos creíamos en las instituciones burguesas.[15] Juntos afrontamos la vida y así pasaron diez años, los mejores de mi vida. Si se me concediera volver a nacer, volvería a escoger esos diez años, llenos de dolor y de felicidad que pasé contigo, Diego. Sigo siendo tu pájaro azul, sigo siendo simplemente azul como solías llamarme, ladeo[16] mi cabeza, mi cabeza <u>herida</u> definitivamente y la pongo sobre tu hombro y te beso en el cuello, Diego, Diego, Diego a quien tanto amo.

Tu Quiela

V VERIFICAR

¿Quién(es)? ¿Dónde? ¿Qué pasó?

En este fragmento, Diego ya se ha vuelto a México sin Quiela. Ella expresa su desesperación ante su ausencia.

En los papeles que están sobre la mesa, en vez de los bocetos habituales, he escrito con una letra[17] que no reconozco: «Son las seis de la mañana y Diego no está aquí.» En otra hoja blanca que nunca me atrevería a[18] emplear si no es para un dibujo, miro con sorpresa mi garabato:[19] «Son las ocho de la mañana, no oigo a Diego hacer ruido, ir al baño, recorrer el tramo[20] de la entrada hasta la ventana y ver el cielo en un movimiento lento y grave como acostumbra hacerlo y creo que voy a volverme loca», y en la misma más abajo: «Son las once de la mañana, estoy un poco loca, Diego definitivamente no está, pienso que no vendrá nunca y giro[21] en el cuarto como alguien que ha perdido la razón. No tengo en qué ocuparme, no salen los grabados,[22] hoy no quiero ser dulce, tranquila, decente, sumisa, comprensiva, resignada,

---

[13]*vows* [14]*dowry* [15]*bourgeois* [16]*I tilt* [17]*handwriting* [18]nunca… *I would never dare* [19]*scribbling* [20]*length, area* [21]*I turn, spin* [22]*etchings*

VOCABULARIO

VISUALIZAR

VOCABULARIO

VISUALIZAR

VERIFICAR

las cualidades que siempre <u>ponderan</u> los amigos. Tampoco quiero ser maternal; Diego no es un niño grande, Diego sólo es un hombre que no escribe porque no me quiere y me ha olvidado por completo.» Las últimas palabras están trazadas con violencia, casi rompen el papel y lloro ante la puerilidad[23] de mi desahogo.[24v] ¿Cuándo lo escribí? ¿Ayer? ¿Antier?[25] ¿Anoche? ¿Hace cuatro noches? No lo sé, no lo recuerdo. Pero ahora, Diego, al ver mi desvarío[26] te lo pregunto y es posiblemente la pregunta más grave que he hecho en mi vida. ¿Ya no me quieres, Diego? Me gustaría que me lo dijeras con toda <u>franqueza</u>. Has tenido suficiente tiempo para reflexionar y tomar una decisión por lo menos en una forma inconsciente, si es que no has tenido la ocasión de formularla en palabras. Ahora es tiempo de que lo hagas.

. . .

¿Me quieres, Diego? Es doloroso sí, pero indispensable saberlo. Mira, Diego, durante tantos años que estuvimos juntos, mi carácter, mis hábitos, en resumen, todo mi ser sufrió una modificación completa: me mexicanicé terriblemente y me siento ligada *par procuration*[27] a tu idioma, a tu patria, a miles de pequeñas cosas y me parece que me sentiré muchísimo menos extranjera contigo que en cualquier otra tierra. El retorno a mi hogar paterno es definitivamente imposible, no por los sucesos políticos sino porque no me identifico con mis compatriotas. Por otra parte me adapto muy bien a los tuyos y me siento más a gusto entre ellos.

Son nuestros amigos mexicanos los que me han animado a pensar que puedo ganarme la vida en México, dando lecciones.

Pero después de todo, esas son cosas secundarias. Lo que importa es que me es imposible emprender[28] algo a fin de ir a tu tierra, si ya no sientes nada por mí o si la mera[29] idea de mi presencia te incomoda. Porque en caso contrario, podría hasta serte útil, moler[30] tus colores, hacerte los estarcidos,[31] ayudarte como lo hice cuando estuvimos juntos en España y en Francia durante la guerra.[v] Por eso te pido Diego que seas claro en cuanto a tus intenciones.

…Mi querido Diego te abrazo fuertemente, desesperadamente por encima del océano que nos separa.

Tu Quiela

. . .

…en 1935, es decir, trece años después, impulsada[32] por pintores mexicanos amigos suyos, Angelina Beloff logró ir a la tierra de sus anhelos.[33] No buscó a Diego, no quería molestarlo. Cuando se encontraron en un concierto en Bellas Artes, Diego pasó a su lado sin siquiera[34] reconocerla.

¿Quién(es)? ¿Dónde? ¿Qué pasó?

---

[23]*childishness*   [24]*venting*   [25]*anteayer*   [26]*ravings*   [27]*par… by proxy*   [28]*to undertake*   [29]*mere*
[30]*mix*   [31]*stencils*   [32]*encouraged*   [33]*longings*   [34]*sin… without even*

Después de leer

A. Comprensión

Paso 1 Indique si las siguientes oraciones son ciertas (**C**) o falsas (**F**). Corrija las oraciones falsas e indique qué parte del texto apoya su elección.

1. Angelina no estaba muy interesada en Diego cuando se conocieron.
2. Diego era un hombre grande e imponente (*imposing*).
3. La apariencia física y la personalidad de Diego llamaban la atención en París.
4. Angelina y Diego se casaron en una ceremonia tradicional.
5. Angelina y Diego se veían bien juntos porque eran muy parecidos.
6. Angelina cree que los años que pasó con Diego fueron buenos.
7. Cuando Diego regresó a México después de la guerra, dejó de mantenerse en contacto con Angelina.
8. Angelina no acompañó a Diego a México porque los dos sabían que le costaría mucho adaptarse a la vida mexicana.
9. Las palabras que escribió Angelina indican que está desesperadamente enamorada.
10. Angelina quiere que Diego le diga la verdad sobre sus sentimientos hacia ella.

Paso 2 Con un compañero / una compañera, vuelvan a la lista de personajes que se encuentra en **Antes de leer.** Escriban una lista de palabras o expresiones que Uds. asocian con cada personaje.

Paso 3 Complete las siguientes oraciones como si Ud. fuera Angelina. Comparta sus oraciones con su compañero/a.

1. Cuando vi a Diego por primera vez…
2. Todos decían que Diego y yo…
3. Cuando supe que Diego iba a volver a México,…
4. Me siento más mexicana que rusa, por eso…

Paso 4 En parejas, preparen un resumen como si fuera una entrada en el diario de Angelina.

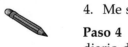

B. Punto clave: Narración en el pasado

Paso 1 Vuelva a leer los dos primeros párrafos. Subraye los verbos en el pretérito y ponga un círculo alrededor de los verbos en el imperfecto. Después, con un compañero / una compañera, miren las categorías de los usos del pretérito y del imperfecto en el apéndice, y expliquen qué regla se aplica a cada verbo en estos párrafos.

Paso 2 Lea el siguiente trozo de *Querido Diego, te abraza Quiela*. Llene los espacios con el pretérito o el imperfecto, según el contexto. Luego, con un compañero / una compañera, expliquen por qué escogieron el pretérito o el imperfecto en cada caso.

Ayer _____(pasar)_____ la mañana en el Louvre, chatito (me gusta llamarte chatito, me hace pensar en tus padres, siento que soy de la familia) y estoy deslumbrada.[1] Cuando _____(ir)_____ antes contigo Diego, _____(escuchar)_____ admirativamente, _____(compartir)_____ tu apasionamiento porque todo lo que viene de ti suscita[2] mi entusiasmo, pero ayer _____(ser)_____ distinto, _____(sentir)_____ Diego y esto me _____(dar)_____ una gran felicidad. Al salir del Louvre _____(dirigirme)_____ a la Galería Vollard a ver los Cézanne y _____(permanecer)_____ tres horas en su contemplación. Monsieur Vollard me _____(decir)_____ : «Je vous laisse seule»[3] y se lo _____(agradecer)_____. _____(Llorar)_____ mientras _____(ver)_____ los cuadros, _____(llorar)_____ también por estar sola, lloré por ti y por mí, pero me _____(aliviar)_____ llorar porque comprender, finalmente, es un embelesamiento[4] y me _____(estar)_____ proporcionando una de las grandes alegrías de mi vida.

[1]*dazzled* [2]*provokes* [3]Je... *I'll leave you alone (Fr.)* [4]*delight*

C. ¡A dramatizar! En parejas, dramaticen una de las siguientes situaciones. Es necesario que considere el contexto de la lectura.

Situación 1: Angelina y su amigo Zadkin conversan en La Rotonde sobre lo que hizo Diego, cómo se siente Angelina, las cartas que escribió y qué espera que pase en el futuro.

Zadkin: Ud. está secretamente enamorado de Angelina. Reaccione ante lo que hizo Diego y trate de convencerla de que se olvide del mexicano que tiene fama de ser mujeriego.

Angelina: Hable con Zadkin sobre sus intentos de comunicarse con Diego y comparta sus sentimientos y deseos. Ud. no sabe de las intenciones de Zadkin, y reacciona de manera inocente ante sus consejos interesados (*self-serving*).

Situación 2: Angelina viaja a México para buscar a Diego. Cuando llega, descubre que este ya está involucrado con Frida Kahlo.

Angelina: Reaccione con mucha emoción ante la infidelidad de Diego. Trate de convencerlo de que deje a Frida y vuelva con Ud.

Diego: Está sorprendido de ver a Angelina. Con calma, explíquele su nueva situación y responda a los reclamos (*demands*) de la rusa.

D. Hacia el análisis literario: El tono

El tono representa la actitud del autor / de la autora ante el asunto tratado en un texto e influye en cómo el lector percibe el evento narrado. El tono se comunica de diversas maneras: por medio del lenguaje que escoge el autor / la autora, por la estructura de la obra, por el punto de vista de los personajes, por el ritmo del lenguaje, por las imágenes escogidas, etcétera.

Con un compañero / una compañera, contesten las siguientes preguntas sobre el tono de *Querido Diego, te abraza Quiela.*

1. En su opinión, ¿cuál(es) de estos adjetivos mejor describe(n) el tono de *Querido Diego, te abraza Quiela?*: formal, informal, rabioso, melancólico, nostálgico, emocionado, hostil, preocupado, alegre, misterioso, cómico. Explique su respuesta.

2. A veces es más fácil describir el tono mediante la metáfora.* Complete las siguientes frases y explique sus respuestas:

   a. Si este texto fuera un color, sería…

   b. Si este texto fuera un estilo de pintura, sería…

   c. Si este texto fuera una canción, sería…

   d. Si este texto fuera un lugar, sería…

3. ¿Cree Ud. que el tono es apropiado o exagerado? ¿Se comunica el tono de manera efectiva? Explique su respuesta.

4. Si el tono representa la actitud de la autora / el autor ante el asunto narrado, ¿cuál es la actitud de Poniatowska ante Angelina, ante Diego y ante las relaciones entre los dos? Justifique su respuesta con ejemplos textuales.

E. **Las siete metas comunicativas en contexto**

Paso 1   Escriba dos o tres oraciones para cada meta comunicativa. Preste atención a los puntos gramaticales que debe utilizar para hacer oraciones precisas.

1. Basándose en las claves en la selección que acaba de leer, describa a Angelina, su apariencia física y su personalidad. Incluya detalles sobre su estado emocional cuando escribe las cartas.

2. Compare a Angelina con Diego. Incluya detalles del aspecto físico y la personalidad de cada uno.

3. Escriba un telegrama de Angelina a Diego en el que ella trata de convencerlo de que regrese a París. Mencione su estado emocional y hágale a Diego una recomendación y un fuerte mandato directo sobre lo que debe hacer.

4. Imagine un encuentro diferente entre Angelina y Diego en el concierto de Bellas Artes en 1935. Describa lo que pasó cuando los dos se vieron.

5. Sólo sabemos la versión de Angelina. Ahora, piense en la versión de Diego. ¿Qué le interesaba de Angelina? ¿Qué le molestaba de ella? ¿Qué le preocupa ahora?

6. ¿Qué haría Ud. si fuera Angelina? ¿y si fuera Diego?

7. ¿Qué pasará con Angelina? Invente su futuro.

Paso 2   Incorpore las ideas de por lo menos dos de las preguntas o afirmaciones anteriores para escribir una composición creativa que explore los temas principales de la lectura.

---

*La metáfora es una figura retórica (*figure of speech*) en que una palabra o expresión se refiere a otra cosa, indicando una semejanza entre las dos cosas.

F. El editor exigente Un editor lee el cuento y le sugiere a la autora unos cambios:

«Me interesaría saber cómo reaccionaron los amigos de Angelina al verla tan destrozada por la pérdida de Diego.»

Escriba un párrafo en el que describa, en el estilo de Angelina, cómo han reaccionado sus amigos ante su desesperación. Mantenga el tono de las cartas que Ud. leyó.

G. ¡A conversar! Conversen sobre las siguientes preguntas en grupos pequeños.

1. ¿De qué manera influyen las artes en cómo percibimos el mundo? ¿Conoce a algún artista—pintor, escultor, fotógrafo—que haya tenido mucha influencia en la sociedad en los últimos 50 años?

2. Diego Rivera era defensor del arte público. Es más conocido por sus grandes murales que decoraban edificios públicos y trataban temas sociales. ¿Cree Ud. que el arte público tiene alguna importancia hoy en día? ¿Se fija Ud. en el arte público, por ejemplo, las esculturas en las calles y los parques o las pinturas en edificios públicos?

3. Piense en alguna obra de arte público que Ud. ha visto. Descríbala y comente sobre lo que Ud. cree que es su propósito principal: decorativo, educativo, político, etcétera.

4. Hoy en día, una de las formas de arte público de más impacto es el *graffiti*. En su opinión, ¿cuál es la función principal del *graffiti*? Piense en diferentes *graffitis* que Ud. ha visto. Descríbalos y comente sobre su mensaje principal. ¿Qué efecto tiene o puede tener el *graffiti*?

H. Yo, poeta ¡Sea creativo/a! Trabajen solos/as o en parejas para crear un poema sencillo de tipo «quintilla». Vean el siguiente modelo y las instrucciones para escribir una quintilla en la página 11. Luego, escriban una quintilla sobre uno de los siguientes temas: el amor no correspondido, la guerra, Angelina.

MODELO: Diego
　　　　　Amor apasionado
　　　　　Amar, esperar, sufrir
　　　　　Almas gemelas para siempre
　　　　　Amante

I. @ explorar un poco más

Diego Rivera es quizás el artista mexicano más reconocido a nivel internacional —sólo le hace competencia su esposa Frida Kahlo. Sin embargo, Rivera formaba parte de un movimiento artístico que incluía a muchos artistas mexicanos talentosos.

Paso 1 Fuera de clase, busque en el Internet o en la biblioteca más información sobre los muralistas mexicanos. Después, formen grupos de cuatro para compartirla.

1. ¿Quiénes son los tres muralistas mexicanos más famosos?
2. ¿Cuáles eran sus influencias artísticas?
3. ¿Cuáles eran sus convicciones filosóficas?
4. ¿Cuáles eran los temas principales de su obra?
5. ¿Se puede encontrar ejemplos de su obra en otros países además de México? ¿Dónde?

Paso 2 Escriba un informe usando la información que Ud. y sus compañeros han encontrado sobre los muralistas.

Capítulo 4

El trabajo y el ocio

Santiago de Chile

En este capítulo...

Lectura I:
La fiaca (selecciones)
por Ricardo Talesnik

Meta comunicativa:
Hablar de los gustos

Análisis literario:
El diálogo

Lectura II:
Ardiente paciencia (selección)
por Antonio Skármeta

Meta comunicativa:
Comparación

Análisis literario:
La caracterización

Lectura I: *La fiaca** (selecciones)

Ricardo Talesnik

Ricardo Talesnik nació el 25 de diciembre de 1935 en Buenos Aires, Argentina. Es dramaturgo, actor y guionista de cine y televisión. Según cuenta el mismo Talesnik, después de pasar por varios trabajos, como vendedor de bananas (ocupación de su padre) y periodista, un día se levantó con terror al pensar que pasaría el resto de su vida en una oficina. De ese temor nació *La fiaca* su obra dramática más conocida.

La fiaca trata de un hombre que un día despierta y decide dar rienda suelta (*free rein*) a su pereza. Dado que hasta este punto siempre había sido un empleado ejemplar, todos —su esposa, su jefe, sus amigos— se encuentran muy preocupados por su acto de rebeldía. Aquí tiene una parte de la obra, en la que el protagonista, Néstor, discute con su esposa, Marta, sobre su decisión.

Antes de leer

A. Para comentar Conversen sobre las siguientes preguntas en grupos pequeños.

1. ¿Siempre se levanta Ud. con ganas de trabajar o estudiar? ¿Qué hace cuando no tiene ganas de trabajar o estudiar?

2. ¿Conoce a alguien ultrarresponsable? ¿Cómo es esa persona? ¿Cómo ocupa sus días?

B. Vocabulario del tema

Paso 1 Palabras clave Estudie la ficha del vocabulario útil para comprender y conversar sobre la lectura. Después, en parejas, completen las oraciones con la palabra apropiada, según el contexto.

el aumento *raise (salary)*	**el gerente** *manager*	**la pesadilla** *nightmare*
disuadir *to dissuade*	**mimar** *to spoil*	**sonar (ue)** *to sound*
chiflado/a *crazy*	**cumplidor(a)** *reliable*	**extrañado/a** *surprised*

Fiaca es un término coloquial muy argentino que significa **pereza,** o sea, no tener ganas de hacer nada.

1. _____ el despertador a las siete de las mañana, pero Néstor decidió no levantarse.

2. Marta, su mujer, estaba _____ de que su marido no tuviera ganas de ir a trabajar, porque nunca había faltado sin avisar —era un hombre _____.

3. A Marta le preocupaba que Néstor no quisiera avisar a su _____ porque era la semana en que iban a anunciar _____ de sueldos.

4. Néstor se quedó en la cama, leyendo los chistes del diario y de repente, mirando fijamente a Marta, anunció que quería hacer el amor, pero Marta le negó, mirándolo como si estuviera completamente _____.

Paso 2 Vocabulario en contexto El texto que Ud. va a leer es un diálogo entre dos esposos argentinos. Utiliza un lenguaje coloquial lleno de regionalismos como el mismo título de la obra. Mire cómo se usa la palabra **fiaca** en el diálogo:

NÉSTOR: …No tengo nada más que fiaca… ¿me oís?: *fiaca*.

MARTA: (*Llorando.*) ¡Nunca tuviste fiaca!

También verán la palabra **ché,** que tiene una función algo parecida a la palabra *hey* en inglés.

NÉSTOR: …Ché, Marta…

Finalmente, es importante observar el uso del **voseo** en la Argentina (también se emplea en el Uruguay y algunos países centroamericanos). El **vos** reemplaza el **tú** como pronombre personal de la segunda persona singular. También tiene su propia conjugación en el presente y en los mandatos.

	comprar	tener	decir	ser
Presente:	comprás	tenés	decís	sos
Mandato:	comprá	tené	decí	sé

¡Ojo! Al escribir un mandato con pronombre, se pierde el acento escrito porque, como se ve en los siguientes ejemplos, ya no es necesario según las reglas de acentuación en la mayoría de los casos.

con voseo: tranquilizá → tranquilzate   levantá → levantate
sin voseo: tranquiliza → tranquilízate   levanta → levántate

con voseo: escuchá → escuchame   terminá → terminala
sin voseo: escucha → escúchame   termina → termínala

Vea los siguientes ejemplos tomados de la lectura:

MARTA: …Néstor …Oíme …Decime una cosa …Por favor …¿Por qué hacés esto, ¿eh?

Lean el trozo de *La fiaca* que aparece aquí. Busquen ejemplos del **voseo.** Marquen los ejemplos y determinen cómo se conjugarían si Néstor y Marta fueran de otro país hispanohablante.

> MARTA: ¿Te volviste loco? ¿Qué te pasa?
> NÉSTOR: Nada, Marta, nada... No tengo ganas de ir a trabajar...
> ¡No es para tanto![1]
> MARTA: ¡Yo estoy loca! ¡Sí soy yo!
> NÉSTOR: Tranquila, Marta, tranquila...
> MARTA: ¡No puede ser!... Mirá, Néstor, levantate porque...
> NÉSTOR: ¡Ché, estás exagerando!
> MARTA: ¡Néstor, mirá la hora... no llegás!
> NÉSTOR: Ya sé. Oíme una cosa...
> MARTA: ¡Néstor, por favor!... ¡Que llegás tarde! (*Implorante.*)
> ¡Levantate, Néstor, levantate!
> NÉSTOR: Vení, escuchame...
> MARTA: ¿Qué te pasa, Néstor? ¿Te sentís mal? ¿No me querés
> decir?
> NÉSTOR: ¡Dale, Marta, terminala[2]!
> MARTA: A mí me lo decís?... ¡Es increíble!
> NÉSTOR: (*Suave*) Vení, Martita, oíme....
>
> [1]¡No... *It's not that big of a deal!*   [2]¡Dale... *Enough, Marta!*

 C. Visualización   Mientras lee, trate de visualizar la apariencia física y los rasgos de personalidad de los siguientes personajes.

- Néstor, el esposo
- Marta, la esposa

La fiaca (selecciones)

1 (*Es de noche.* MARTA, *26 a 30 años, lee, acostada.* NÉSTOR, *alrededor de 32 años, termina de abotonarse el pijama, dispuesto a acostarse. Sus movimientos son lentos, pensados; se mira las manos, los ojales,[1] los botones. De vez en cuando le echa una mirada a* MARTA *sin que ella, abstraída[2] en la lectura, se dé cuenta.* NÉSTOR *se sienta*
5 *en la cama, enciende la luz de su velador,[3] se quita las pantuflas.[4] Levanta una, la observa y la deja. Se inquieta[5] y mira a su alrededor. Descubre la ventana abierta, se calza,[6] va y baja la cortina.* MARTA *lo mira un momento y sigue leyendo. Nuevamente sentado en la cama,* NÉSTOR *se quita las pantuflas con movimientos ahora mecánicos. Permanece sentado, pensando.*)

...

10 (*Mira el reloj con gran nerviosidad. Piensa. Vuelve a mirarlo. No se decide. Baja de la cama. Se pasea muy inquieto. Reflexiona intensamente, moviendo los labios. Imagina, argumenta, se convence, se arrepiente, recuerda, titubea[7] y, al fin, se decide. Va hacia la cama. Con un movimiento lento, trascendental, aprieta el interruptor[8] de la alarma. Se acuesta. Se incorpora en seguida, sonríe y levanta nue-*
15 *vamente el interruptor. Satisfecho, apoya morosamente[9] la cabeza sobre la almohada*

[1]*buttonholes* [2]*engrossed* [3]*nightstand* [4]*slippers* [5]*Se... He fidgets* [6]*se... he puts on his slippers*
[7]*hesitates* [8]*button* [9]*lentamente*

VOCABULARIO

VISUALIZAR

y apaga la luz de su velador.^v *Tiempo. La claridad de la mañana ilumina el ambiente. Suena el <u>despertador</u>.* NÉSTOR *se despierta sobresaltado.*[10] *Cuando está a punto de mascullar la puteada de rutina,*[11] *recuerda. Entonces sonríe, toma el reloj y aprieta el interruptor con delectación.*[12] *Con el reloj entre sus manos, apoya otra vez la cabeza sobre la almohada. Trata de superar*[13] *su excitación y su temor para saborear*[14] *el momento. Sonríe y cierra los ojos.* MARTA *se despierta.*)

VERIFICAR

¿Quién(es)? ¿Dónde? ¿Qué pasó?

MARTA—¿Qué hacés?

NÉSTOR—(*Abre los ojos, inquieto, pero se impone una segura naturalidad.*) Nada. Aquí estoy.

MARTA—¿Qué hora es?

NÉSTOR—Las siete y cinco de la mañana.

MARTA—(*Dándole la espalda*[15] *nuevamente.*) ¿Sonó el reloj?

NÉSTOR—Sí. Sonó…

MARTA—Ni lo escuché… (*Un largo bostezo*[16] *y trata de dormirse nuevamente. Siente que Néstor no se levanta y se vuelve, extrañada.*) ¿Qué hacés que no te levantás?

NÉSTOR—(*Firme, sin mirarla.*) Nada.

MARTA—¿Qué esperás?

NÉSTOR—(*Tomando aire.*) No… (*Se aclara la garganta.*) No me levanto.

MARTA—(*Completamente despabilada,*[17] *incorporando medio cuerpo.*) ¿Cómo?

NÉSTOR—(*Siempre tratando de dominarse y aparentar*[18] *resolución y serenidad.*) Que no me levanto.

MARTA—(*Perpleja.*) ¿Qué no… cómo que no te levantás?

NÉSTOR—No tengo ganas.

MARTA—(*Para sí, desconcertada.*[19]) Ganas…

NÉSTOR—No tengo ganas de ir a trabajar.

MARTA—(*Riendo sin convencimiento.*) ¡Me estás cargando!²⁰

NÉSTOR—No, en serio: no voy a la oficina.

MARTA—(*La risa se transforma en una mueca.*[21] *Excitada, hablando más alto.*) ¿Por qué no vas a ir? ¿Eh? (*Controlándose.*) ¿Por qué?

NÉSTOR—Porque tengo fiaca.

MARTA—(*Asombrada.*) ¿Fiaca?

NÉSTOR—Sí, señor.

MARTA—¿Pero…, qué te agarró?²²

NÉSTOR—Fiaca. ¿No te digo?… No tengo ganas de ir y listo:²³ no voy.

MARTA—¿Así porque sí? ¿Porque se te da la gana?

NÉSTOR—Ni más ni menos.

MARTA—(*Para sí.*) No, no puede ser… (*A* NÉSTOR.) Son las siete y diez, Néstor… ¡vas a llegar tarde!

NÉSTOR—No, no voy a llegar tarde… porque no pienso llegar.

MARTA—(*Saltando de la cama.*) Yo… ¡Muy lindo!… Pe… ¿Qué vas a decir?

(*continúa*)

---

[10]*startled* [11]*mascullar… mumble about the same damn routine* [12]*delight* [13]*overcome* [14]*savor*
[15]*Dándole… Turning her back to him* [16]*yawn* [17]*awake* [18]*feign* [19]*Para… To herself, taken aback.*
[20]*¡Me… You're kidding me!* [21]*grimace* [22]*qué… what's gotten into you?* [23]*that's it*

NÉSTOR—¿A quién?

MARTA—¿Cómo a quién? ¿No pensás avisar?[24]

NÉSTOR—No.

60 MARTA—¡Dios mío!

NÉSTOR—Tranquilizate…

MARTA—¿Te volviste loco? ¿Qué te pasa?

NÉSTOR—Nada, Marta, nada… No tengo ganas de ir a trabajar… ¡No es para tanto!

65 MARTA—¡Yo estoy loca! ¡Sí, soy yo!

NÉSTOR—Tranquila, Marta, tranquila…

MARTA—¡No puede ser!… Mirá, Néstor, levantate porque…

NÉSTOR—¡Ché, estás exagerando!

MARTA—¡Néstor, mirá la hora… no llegás!

70 NÉSTOR—Ya sé. Oíme una cosa…

MARTA—¡Néstor, por favor!… ¡Que llegás tarde! (*Implorante.*) ¡Levantate, Néstor, levantate!

NÉSTOR—Vení, escuchame…

MARTA—¿Qué te pasa, Néstor? ¿Te sentís mal? ¿No me querés decir?

75 NÉSTOR—¡Dale, Marta, terminala!

MARTA—¿A mí me lo decís?… ¡Es increíble!

NÉSTOR—(*Suave.*) Vení, Martita, oíme…

(*Marta se acerca con recelo.*[25])

NÉSTOR—Escuchame bien: No tengo ganas de ir a trabajar, tengo fiaca…

80 ¿Tan grave te parece?

MARTA—No te pasó nunca. Es la primera vez…

NÉSTOR—(*Sonriente.*) Y bueno, algún día tenía que ser.

MARTA—(*Apartándose bruscamente.*) ¡Vos estás enfermo! (*Dirigiéndose al teléfono.*) ¡Yo llamo a la oficina para que te manden el médico!

85 NÉSTOR—(*Con una agresividad tan <u>inusitada</u> que hasta él mismo se sorprende.*) ¡Ni se te ocurra![26]

MARTA—(*Se detiene, impresionada, y se larga a llorar.*) ¡Estás enfermo, Néstor, estás enfermo!

NÉSTOR—(*Engolosinado[27] con su autoridad, aunque menos agresivo.*) Me siento

90 mejor que nunca. No tengo nada más que fiaca… ¿me oís?: *fiaca.*

MARTA—(*Llorando.*) ¡Nunca tuviste fiaca!

NÉSTOR—¡Bueno, hoy tengo!

MARTA—¡No puede ser!

NÉSTOR—¡Ahora no tengo derecho a tener fiaca!

95 MARTA—¡Los vagos[28] tienen fiaca! ¡Y vos no sos un vago! (*Dejando de llorar, con tonito compungido,[29] tratando de disuadirlo.*) ¡Mirá la hora, Néstor! Levantate, por favor…

NÉSTOR—(*Señalando un lugar junto a él.*) Vení, vení acá… (*Marta va, casi sin llorar, lista para asumir la actitud adecuada.*)

---

[24]¿No… *You're not going to call in to work?*   [25]suspicion   [26]¡Ni… *Don't even think about it!*
[27]*Delighted*   [28]slackers   [29]con… *in a sorrowful tone*

NÉSTOR—Mirá, Marta… Anoche me puse a pensar. Me sentía… ¿cómo te podría decir?… estaba un poco cansado… (*tocándose la cabeza.*) de aquí, ¿sabés?… Como sin ganas de nada… (*Anticipándose.*) Físicamente me siento lo más bien, ¡eh! (*tocándose.*) Es de acá… Es como si estuviera aburrido, no sé… Me puse a pensar y de repente dije: ¿Qué pasa si mañana no voy a la oficina? ¿Eh? ¿Qué hay? ¿No tengo derecho yo? No quiero ir a la oficina y listo, no voy. Tengo fiaca. Sí, fiaca. ¡Y cuando uno tiene fiaca tiene fiaca!… ¿Qué tal?… Néstor Vignale, el empleado más cumplidor, el más eficiente, falta porque sí, porque se le dan las ganas. (*Entusiasmado.*) ¡No me vas a negar que es algo nuevo, distinto!… Un lunes en la cama, nada menos que un lunes, un lunes a la mañana… ¿Te das cuenta lo que significa?

VERIFICAR | ¿Quién(es)? ¿Dónde? ¿Qué pasó?

MARTA—(*Ya no llora. Hace ruiditos y mohines compradores.*[30] *Se pone en «comprensiva-cariñosa».*) Vos tenés algo… No sos el mismo de siempre.

NÉSTOR—Estoy fenómeno, ¡creéme!… no me pasa nada.

MARTA—Nunca hiciste esto. Hace diez años que estás en Fiagroplast y no faltaste un sólo día…

NÉSTOR—Y bueno… hoy es el primero.

MARTA—Te lo van a descontar.[31]

NÉSTOR—No importa.

MARTA—(*Menos «comprensiva».*) ¡Es un día de <u>sueldo</u>!

NÉSTOR—¿Sabés cuánto es un día de sueldo?

MARTA—Sí: ochocientos treinta y dos pesos.

NÉSTOR—¡Ochocientos treinta y dos pesos!… Tengo que levantarme por ochocientos treinta y dos pesos… Lavarme la cara con agua fría, afeitarme,

(*continúa*)

---

[30]mohines… *manipulative pouts* [31]*dock your paycheck*

hacerme la corbata, meterme en el subte[32] o colgarme de un colectivo,[33] mirar los coches de los demás, pasar delante de las vidrieras,[34] saludar sonriendo a un tipo que no tragás,[35] aguantarme la cargada del ascensorista[36]… ¡todo por ochocientos treinta y dos pesos!… No, no vale la pena.

MARTA—(*Tenaz.*) Con ochocientos treinta y dos pesos comemos casi tres días.

NÉSTOR—Por ochocientos treinta y dos pesos no voy a dejar de darme un gusto.

MARTA—(*Descontrolándose.*) Por lo menos avisá, llamá, ¡decí algo!

NÉSTOR—No, ni pienso.

MARTA—(*Mira la hora, se desespera y se pone de pie.*) Las siete y veinte, ¡Néstor! (*NÉSTOR bosteza y se acomoda.*[37])

MARTA—¡Está por salirte el aumento!… ¿Te acordás? ¡El aumento!

NÉSTOR—¡Bah, que se lo metan en el culo![38]

MARTA—¡Hace dos años que estamos esperándolo!

NÉSTOR—Año más año menos…

MARTA—¡No te lo van a dar!… ¡Con el concepto que tienen de vos!… ¿Te imaginás lo que va a pensar el gerente?

NÉSTOR—(*Natural.*) Sí. Va a pensar en él, en una casa más grande, en un coche más nuevo, en un sastre[39] más caro…

MARTA—¡Es una pesadilla! (*Angustiada, impotente. No sabe qué decir. Una pausa y prosigue,[40] con la voz ahogada por los nervios y la desesperación.*) Néstor… Oíme… Decime una cosa… Por favor… ¿Por qué hacés esto, eh? ¿Por qué?

NÉSTOR—Por-que ten-go fia-ca.

MARTA—¡Sí claro!… ¡Yo entiendo muy bien!… Me parece perfecto!… Pero… ¿Por qué no avisás?

NÉSTOR—Porque si aviso no tiene gracia.[41]

MARTA—¿Eh?

NÉSTOR—Sería lo mismo que si fuera a trabajar.

MARTA—¿Cómo lo mismo?

NÉSTOR—Me quedo porque sí,[42] porque se me dan las ganas, ¿entendés? Lo decidí yo mismo, yo solito… Yo soy mi jefe, mi gerente, mi patrón, mi dueño, todo… Yo no tengo que pedirle permiso a nadie!… Yo me mando y me obedezco: «A ver, Néstor, hoy se me queda en la cama». «Sí, señor Néstor, cómo no». «Ché, Néstor, lea los chistes del diario». «Como usted diga, señor Néstor». (*Nota la mirada de MARTA.*) Te creés que estoy chiflado, ¡eh! (*Una carcajada[43] y en seguida, muy serio, mirando fijamente a MARTA.*) ¿Sabés una cosa? Nunca hicimos el amor un lunes a la mañana… (*Trata de tocarla.*)

MARTA—(*Retrocediendo.*) ¿Qué cosa?

NÉSTOR—Claro. Siempre de noche… De mañana únicamente algún domingo que otro… Pero en días hábiles[44]… (*Aparta las cobijas[45] y trata de agarrarla.*)

MARTA—(*Evitándolo.*) ¡Dejame, querés!… ¡Lo único que faltaba![46]

NÉSTOR—(*Deseándola, sonriente.*) Vení, acostáte…

---

[32]subterráneo (*subway*) [33]colgarme… *catch a bus* [34]*shopwindows* [35]un… *some guy that you can't stand* [36]la… *the annoying elevator operator* [37]se… *gets comfortable* [38]que… *they can shove it!* [39]*tailor* [40]*continues* [41]no… *it's no fun* [42]porque… *just because* [43]*burst of laughter* [44]días… *workdays* [45]*covers, blankets* [46]¡Lo… *That's all I needed!*

MARTA—¡Estás loco, Néstor!

NÉSTOR—Vení, sé buenita…

MARTA—¡Pero!… ¡Cómo se te ocurre que…!

NÉSTOR—¿Eh, al fin y al cabo soy tu marido, no?

170 MARTA—¡Néstor, tenés que avisar!

NÉSTOR—Vení… Es un día hábil, de mañana… (*Acentuando.*) ¡Un lunes!

MARTA—Bueno, está bien… Pero antes llamás a la oficina.

NÉSTOR—(*Tapándose nuevamente.*) Ya está: ¡se me fueron las ganas![47]

MARTA—Aunque sea llamalo a Peralta… él puede avisar en Personal![48]

175 NÉSTOR—¡Je, Peralta! Ve un jefe y llora…

MARTA—¡Inventamos algo!… ¡cualquier cosa! Él repite lo que le decimos ¡y listo!

(*NÉSTOR resopla,[49] toma el diario y lee, cubriéndose la cara.*)

MARTA—(*Plañidera.[50]*) ¡A Peralta! ¡Nada más que a Peralta!

180 NÉSTOR—(*Sin bajar el diario.*) Ni que me pongan la picana.[51]

MARTA—¡El aumento, Néstor! ¡Son tres mil pesos más!

NÉSTOR—(*Comentando naturalmente.*) El diario está lleno de oportunidades, eh… Mirá vos, un jugador de fútbol gana por punto lo que…

…

MARTA—(*Bajito.*) Interno[52] 208, por favor… Hola… me podría comunicar
185 con el señor Peralta… gracias… ¿Peralta? Habla la señora de Vignale… Bien
y usted… Escuche, Néstor no sabe qué le estoy hablando… ¡no, no, ya le voy
a explicar! Oigame bien: mi marido no va a ir a trabajar… No, no es nada
grave. Hágame un favor. Dé parte en Personal y diga que va a ir mañana a
la mañana. Como cosa suya, ¡eh!… ¿Le mandan el médico? No, no, ¡entonces
190 no! ¡No diga nada!… Espere que yo le avise… No, ahora no puedo… ¡No se
le vaya a escapar que le hablé!… ¡por favor!… Bueno, gracias… Hasta luego.
(*Cuelga y disca[53] nuevamente.*)

V VERIFICAR | ¿Quién(es)? ¿Dónde? ¿Qué pasó?

(*Comienza a oírse la voz de NÉSTOR, que mientras se baña tararea[54] alegremente, con fuerza, ritmo y entusiasmo, la marcha de la Bandera.[55]*)

…

V VOCABULARIO 195 (*NÉSTOR, acostado, fuma plácidamente. MARTA, en la «kitchenette», batiendo,[56] pelando o algo por el estilo. Ha decidido mostrarse resignada, comprensiva y cariñosa.*)

NÉSTOR—(*Intención evidente.*) Vení…

MARTA—(*Suave, sonriente, pícara.[57]*) No, tengo que hacer…

NÉSTOR—Dale, vení un ratito.

200 MARTA—¿No ves que no puedo?

NÉSTOR—(*Bajito.*) Sos rutinaria, eh… (*Protestando suavemente.*) Si no es de noche…

MARTA—Después. Termino con esto y voy… ¿Está bien?

(*continúa*)

---

[47]¡se… *I don't feel like it anymore!* [48]*Human Resources* [49]*snorts* [50]*Pleading* [51]*cattle prod-like torture device* [52]*Extension (phone)* [53]*dials* [54]*hums* [55]marcha… *national anthem* [56]*beating, mixing* [57]*mischievously*

NÉSTOR—Y… si no hay más remedio. (*Pausa. Piensa, recuerda.*) Ché, Marta…

205 MARTA—¿Qué?

NÉSTOR—¿Sabés de qué tengo ganas?

MARTA—¿De qué?

NÉSTOR—(*Divertido, infantil.*) Quiero la bolsa.

MARTA—¿Eh?

210 NÉSTOR—La bolsa de agua caliente.

MARTA—¿La bolsa?… ¿Y eso?

NÉSTOR—Recién me acordaba de cuando era chico… Cuando estaba resfriado[58] y me traían la bolsa a la cama… ¡Era de lindo![59]… Me ponían el termómetro, me hacían té, me compraban revistas, figuritas… ¿Me preparás

215 la bolsa?

MARTA—(*Disimulando su estupor.*[60]) Sí… claro que sí!… ¿Por qué no? (*Busca la bolsa en el placard.*[61])

NÉSTOR—¡Sin grupo que era lindo!… Faltaba al colegio, escuchaba las novelas de la radio, dormía hasta las doce, comía en la cama… ¡linda

220 época!… ¿Vos tuviste el sarampión[62]?

MARTA—(*Como si la respuesta se descontara.*) Sí…

NÉSTOR—(*Con más curiosidad.*) ¿Y paperas[63]?

MARTA—También.

NÉSTOR—(*Esperanzado.*) ¿Tos convulsa[64] tuviste?

225 MARTA—No, eso no.

NÉSTOR—(*Triunfal.*) ¡Yo sí!… (*Para deslumbrarla.*) ¡Y también tuve un impétigo[65] en la frente!

MARTA—¿Y eso que es?

NÉSTOR—(*Orgulloso.*) ¡Algo inmundo[66]! Una erupción… ¡Tenía toda la

230 frente como podrida[67]!

MARTA—No me digas… (*Llena la pava*[68] *y enciende el gas.*)

NÉSTOR—¡Sí… una porquería[69]!… (*Extrañado, como si hablara de otra persona.*) De chico quería ser médico…

MARTA—(*Esperando que se caliente el agua. Sin mirarlo. Paciente.*) Sí, me

235 contaste…

NÉSTOR—(*Alto, pero más para sí que para ella.*) Una vez me regalaron una jeringa… Me pasaba el día en el baño. Llenaba la jeringa con agua y le daba inyecciones a la tapa del inodoro[70]… la anestesiaba para operarla…

(*MARTA le sonríe convencionalmente, pero nota que no la mira y le da la espalda*

240 *nuevamente.*)

¿Quién(es)? ¿Dónde? ¿Qué pasó?

---

[58]estaba… *I had a cold*   [59]¡Era… *It was great!*   [60]Disimulando… *Hiding her astonishment.*
[61]*cupboard*   [62]*measles*   [63]*mumps*   [64]Tos… *Whooping cough*   [65]*impetigo (contagious skin infection)*
[66]*filthy*   [67]*rotten*   [68]*teapot*   [69]una… *it was disgusting!*   [70]tapa… *toilet seat*

Después de leer

A. Comprensión

Paso 1 Indique si las siguientes oraciones son ciertas (**C**) o falsas (**F**). Corrija las oraciones falsas e indique qué parte del texto apoya su respuesta.

1. _____ A Néstor se le hace fácil olvidarse de sus responsabilidades.
2. _____ Al principio Marta cree que su esposo está bromeando.
3. _____ Néstor suele ser un hombre muy asertivo.
4. _____ Normalmente, Néstor es un hombre muy responsable.
5. _____ Néstor no se siente bien físicamente.
6. _____ A Néstor lo aprecian en el trabajo.
7. _____ Marta entiende lo que Néstor necesita.
8. _____ Néstor quiere que Marta lo mime (*spoil*).

Paso 2 Con un compañero / una compañera, vuelvan a la lista de personajes que se encuentra en **Antes de leer**. Escriban una lista de palabras o expresiones que Uds. asocian con cada personaje.

Paso 3 Complete las siguientes oraciones como si Ud. fuera Marta. Comparta sus oraciones con su compañero/a.

1. Esta mañana mi esposo…
2. Yo no podía creer que él…
3. Él me pidió que… pero yo…

Paso 4 Marta, preocupada por la actitud de su esposo, lo manda a un terapeuta (*therapist*). En parejas, escriban un resumen del texto como si fuera el reportaje del terapeuta sobre el caso de Néstor.

GUSTOS
6

B. Punto clave: Hablar de los gustos

Usando las claves que siguen, complete las siguientes frases, según la lectura y/o usando su imaginación. Fíjese en el tiempo verbal que se usa en la cláusula subordinada.

MODELO: Marta / fastidiar / (que)…
A Marta le fastidia que Néstor no quiera ir al trabajo.

1. Néstor / aburrir / (que)…
2. Néstor / interesar / (que)…
3. Marta / preocupar / (que)…
4. Néstor / no preocupar / (que)…
5. Néstor / fastidiar / (que)…
6. Néstor / dar igual / (que)…

C. ¡A dramatizar! En grupos de cuatro, dramaticen una de las siguientes situaciones.

Situación 1: Néstor y Marta empiezan a tener problemas en su matrimonio porque Néstor se entrega a la fiaca cada vez más, y Marta está muy preocupada con la situación. Por eso deciden consultar a dos terapeutas, que también son una pareja romántica. Uno de los terapeutas está maravillado con la posibilidad de entregarse completamente a hacer lo que quiera, mientras que el otro se identifica más con Marta y manifiesta también su preocupación por su pareja y su relación.

Néstor y Marta: Néstor habla constantemente de lo que le fascina de la nueva vida que ha descubierto, mientras que Marta lo contradice, expresando lo que le preocupa, lo que le interesa y lo que les hace falta en su relación como pareja.

La pareja de terapeutas: Uds. escuchan a esta pareja que se encuentra en crisis y aprovechan la ocasión para criticar y analizar su propia vida de pareja. La persona que se identifica con Marta reacciona criticando la pareja y expresando, como Marta, sus preocupaciones e intereses. La otra persona, como Néstor, no puede dejar de hablar de sus gustos.

Situación 2: El día que Néstor falta al trabajo, él y su esposa deciden salir y se encuentran con dos compañeros de trabajo. Marta y Néstor justifican su ausencia del trabajo con excusas diferentes y contradictorias. Igualmente, los compañeros de trabajo reaccionan contradiciéndose entre sí.

Néstor y Marta: Néstor insiste en decir la verdad mientras Marta trata de encubrir todo lo que él dice y cambiar la historia.

Los compañeros de trabajo: Uno le cree a Néstor y se entusiasma con la idea de no ir al trabajo porque uno tiene fiaca. El otro escucha y reacciona ante las excusas de Marta.

D. Hacia el análisis literario: El diálogo

El diálogo tiene varias funciones. Entre ellas las más importantes son la de expresar las ideas y los sentimientos de los personajes y la de revelar información sobre el personaje: su carácter, su personalidad, su clase social, su nivel de educación, su origen nacional o regional.

Al estudiar un diálogo, uno debe pensar en su **estilo,** el **ritmo** y el **tono.** Estas características revelan mucho en cuanto al personaje que habla, al tema y al punto de vista de la obra. El **estilo** puede ser elegante, informal, juguetón (*playful*), serio, etcétera. El **ritmo** se puede clasificar como animado, lento o variado. El **tono** lo determinan no sólo las palabras sino las acotaciones teatrales (*stage directions*) y la misma dirección y actuación de los personajes. Puede ser irónico, sarcástico, sentimental, triste, alegre, rabioso, etcétera.

1. ¿Cómo clasificaría el **estilo** del diálogo de *La fiaca?* Explique y dé ejemplos de la obra para apoyar su respuesta.
2. ¿Cómo clasificaría el **ritmo** del diálogo de *La fiaca?* Explique y dé ejemplos de la obra para apoyar su respuesta.
3. ¿Cómo clasificaría el **tono** del diálogo de *La fiaca?* Explique y dé ejemplos de la obra para apoyar su respuesta.
4. Busque algunos pasajes del diálogo que revelen los sentimientos o el estado emocional de los personajes.
5. Busque algunos pasajes o aspectos del diálogo que revelen lo siguiente de Marta y/o de Néstor: su carácter, su clase social, su origen nacional.

E. Las siete metas comunicativas en contexto

Paso 1 Escriba dos o tres oraciones para cada meta comunicativa. Preste atención a los puntos gramaticales que debe utilizar para hacer oraciones precisas.

DESCRIBIR · D

COMPARAR · C

REACCIONAR · R · RECOMENDAR

PASADO · P

GUSTOS · G

HIPÓTESIS · H

FUTURO · F

1. Con sus propias palabras, describa a Néstor antes y ahora. Piense en los usos de **ser** y **estar.**

2. Compare a Néstor con Marta.

3. ¿Qué recomienda Ud. que haga Néstor en su día de fiaca? ¿Qué sugiere que haga Marta?

4. Cuando Néstor volvió al trabajo, ¿cómo se disculpó? Haga el papel de Néstor y dígale a su jefe cómo pasó el día que no estuvo en el trabajo.

5. A Néstor le aburre la rutina de su vida. ¿Y a Ud.? ¿Qué le agrada (*pleases*) de su vida diaria? ¿Qué le aburre? ¿Qué le molesta?

6. Si Ud. se levantara un día y tuviera fiaca, ¿qué haría?

7. Ahora que Néstor ha renunciado a sus responsabilidades por primera vez, ¿cómo cambiará su vida? ¿Qué hará en el futuro? ¿Qué le pasará en el trabajo? ¿Será un buen candidato para un teletrabajo (*telecommuting*)? Explique.

Paso 2 Incorpore las ideas de por lo menos dos de las preguntas o afirmaciones anteriores para escribir una composición creativa que explore los temas principales de la lectura.

F. El editor exigente Un editor lee el diálogo entre Marta y Néstor y le sugiere al autor unos cambios:

«Quiero saber qué piensan los colegas de Néstor al ver que no ha llegado al trabajo.»

Escriba un diálogo entre dos amigos de Néstor en el que chismeen (*gossip*) sobre las posibles razones de su ausencia y las consecuencias de su comportamiento irresponsable. Mantenga el estilo y ritmo del diálogo de la obra y intente usar ejemplos de **voseo** en su diálogo.

G. ¡A conversar! Conversen sobre las siguientes preguntas en grupos pequeños.

1. ¿Qué responsabilidad tienen las compañías respecto a la salud mental y física de sus empleados? ¿Qué deberían hacer las compañías para asegurar que sus empleados se sientan física y emocionalmente bien? ¿Cuáles serían los beneficios de estas medidas para las compañías?

2. En la mayoría de los países europeos, los empleados tienen derecho a cuatro a seis semanas de vacaciones al año, además de muchos más días feriados (*national holidays*) que en este país. ¿Cree Ud. que son suficientes los días de vacaciones garantizados a los empleados norteamericanos? ¿Por qué sí o por qué no? ¿Hay un estigma para los empleados que deciden usar todos sus días de vacaciones? Explique.

H. Yo, poeta ¡Sea creativo/a! Trabajen solos/as o en parejas para crear un poema sencillo de tipo «quintilla». Vean el siguiente modelo y las instrucciones para escribir una quintilla en la página 11. Luego, escriban una quintilla sobre uno de los siguientes temas: la fiaca, el trabajo, Néstor.

MODELO: Marta
Esposa incomprensiva
Preocupándose, criticando, rogando
Alimenta la soledad en pareja
Frialdad

I. @ explorar un poco más

Las prácticas laborales son distintas de un país a otro. Busque la siguiente información sobre el trabajo en la Argentina, el Uruguay, el Paraguay o Chile. Después, compare la situación laboral en el país que investigó con la de este país.

Paso 1 Fuera de clase, busque en el Internet o en la biblioteca más información sobre el siguiente tema cultural. Después, formen grupos de cuatro para compartirla.

1. ¿Cuáles son los horarios de comercio más comunes? Es decir, ¿cuándo abren los negocios y cuándo cierran? ¿Se trabaja todos los días?

2. ¿Cuántos son los días de vacaciones?

3. ¿Hay prestaciones (*assistance*) especiales para las nuevas madres o padres?

4. ¿Cuál es el salario mínimo?

5. ¿Hay seguro de salud para todos?

6. ¿A qué edad se puede jubilar una persona o qué prestaciones sociales recibe cuando se jubila?

Paso 2 Escriba un informe usando la información que Ud. y sus compañeros han encontrado.

Lectura II: *Ardiente paciencia* (selección)
Antonio Skármeta

Antonio Skármeta nació en 1940, en Antofagasta, en el norte de Chile. Durante los años 70, empezó sus estudios en la Universidad de Chile y terminó graduándose de Columbia University en Nueva York. Ha trabajado como escritor, director teatral, guionista de cine y televisión y profesor universitario. También ha vivido en la Argentina, Alemania y los Estados Unidos. Entre sus novelas, *Ardiente paciencia*, mejor conocida como *El cartero de Neruda*, tal vez sea la más famosa. Se le han otorgado honores tales como el título de Caballero de Artes y Letras del Ministerio de Cultura de Francia, la beca (*fellowship*) Guggenheim de los Estados Unidos y la beca del Programa de las Artes de Berlín.

La siguiente lectura proviene de la novela *El cartero de Neruda* (*Ardiente paciencia*) (1985). La narración trata de la relación ficticia entre Pablo

Neruda,* el renombrado poeta chileno, y Mario, su cartero. La historia fue llevada al cine por el mismo autor en 1983, antes de publicarla como novela, pero la adaptación cinematográfica más famosa de la obra es *Il postino*, que se hizo en Italia en 1995. Los que la hayan visto se acordarán de la famosa discusión en torno a la metáfora, inspirada en el siguiente fragmento de la novela.

Antes de leer

A. Para comentar   Conversen sobre las siguientes preguntas en grupos pequeños.

1. ¿Le gusta escribir? ¿Cree que hace falta tener talento especial para escribir?

2. ¿A Ud. le relaja el proceso de escribir o le causa mucho estrés? Explique.

3. ¿Le gusta leer poesía? ¿Quién es su poeta favorito/a? ¿Ha leído la obra de algún poeta hispano? ¿Quién era el poeta?

4. Los grandes poetas suelen tener muchas fuentes de inspiración. Si Ud. fuera poeta, ¿de dónde vendría su inspiración?

 B. Vocabulario del tema

Paso 1 Palabras clave   Estudie la ficha del vocabulario útil para comprender y conversar sobre la lectura. Después, en parejas, completen las oraciones con la palabra apropiada, según el contexto.

la caleta *cove*	**la casualidad** *chance*	**la sonrisa** *smile*
aclarar *clarify*	**engordar** *to get fat*	**marearse** *to get seasick*
amplio/a *wide*	**parado/a** *stopped*	**raro/a** *strange*

1. Neruda le dice a Mario. «Es más original que sigas siendo cartero. Por lo menos caminas mucho y no _____. En Chile todos los poetas somos guatones (*fat*)».

2. Neruda le dice a Mario que si quiere ser poeta debe comenzar por pensar caminando. Le sugiere que vaya a _____ por la playa y que invente metáforas mientras observa el movimiento del mar.

---

*Pablo Neruda (1904–1973) es uno de los poetas más importantes del siglo XX. Recibió varios premios por su obra, entre ellos el Premio Nobel de la Literatura de 1971. Además de ser poeta, Neruda sirvió como senador y diplomático. Sus obras de mayor importancia incluyen *Crepusculario* (1923), *Veinte poemas de amor y una canción desesperada* (1924), *Canto general* (1950) y *Odas elementales* (1954).

3. Neruda recita un poema sobre el mar que a Mario le hace sentir
_____. Dice Mario que hablando de tanto movimiento
_____.

4. Mario usa una metáfora al describir el sentimiento que le causó el
poema, pero como le salió de pura _____, Mario piensa que
no vale.

5. Cuando se va de la casa de don Pablo, Mario hace sonar la campanilla
de la bicicleta y pone una _____ tan amplia que abarca
todo su alrededor.

Paso 2 Vocabulario en contexto El lenguaje corporal es una manera
importantísima de comunicarse. Es fácil incorporar el lenguaje corporal
en el cine o el teatro, donde podemos ver a los actores, pero su uso también es importante para crear escenas en la literatura. En el texto que va a
leer, Skármeta menciona dieciocho partes del cuerpo. Mientras lee, trate
de visualizar los movimientos corporales que se mencionan.

Vea la siguiente lista de partes del cuerpo, que está en el orden en que
aparecen en el texto. En parejas, revisen la lista y busquen en un diccionario las palabras que no conozcan. Después, busquen seis de las partes
del cuerpo en el texto y pongan un círculo alrededor del verbo que el narrador usa con cada una.

el codo	el índice	la lengua	los brazos
el corazón	el pecho	la mano	los dientes
el cuello	el rostro	la nariz	los ojos
el dedo	la barbilla	las cejas	los párpados
el hombro	la cara		

Ya que se aprenden las partes del cuerpo en las primeras clases de una
lengua extranjera, Ud. probablemente reconoció la mayoría de las palabras en la lista anterior. El siguiente paso es aprender los verbos que des-
criben cómo se mueven o qué se hace con las diferentes partes del
cuerpo. Con un compañero / una compañera, pongan los siguientes movimientos con la(s) parte(s) del cuerpo que los produce. Luego, escriban
seis frases originales usando seis de los verbos con la parte corporal correspondiente. Sigan el modelo. (Acuérdense de que se usa el **se** reflexivo
con ciertos verbos.)

MODELO: arrugar(se), La nariz

Marta arrugó la nariz porque olía algo raro.

abofetar	*to slap*	frotar	*to rub*
acariciar	*to caress*	fruncir	*to furrow*
alzar	*to raise*	guiñar	*to wink*
apretar(se)	*to squeeze*	lamer(se)	*to lick*
apuntar	*to point*	latir	*to beat*
arrugar(se)	*to wrinkle*	oler	*to smell*
cruzar	*to cross*	sonar(se)	*to blow*
doblar(se)	*to bend, to bend over*	sonrojarse	*to blush*
encoger	*to shrug*	torcer(se)	*to twist*

C. Visualización   Mientras lee, trate de visualizar la apariencia física y los rasgos de personalidad de los siguientes personajes.

- Mario, el cartero
- Pablo Neruda, el poeta

Ardiente paciencia (selección)

1 *Mario, el cartero que le lleva el correo a Pablo Neruda, se interesa mucho por su poesía. Por fin se atreve a hablar con el famoso poeta chileno.*

—¿Qué te pasa?

5 —¿Don Pablo?

—Te quedas ahí parado como un poste.

Mario torció el cuello y buscó los ojos del poeta desde abajo:

—¿Clavado como una lanza?[1]

—No, quieto como torre de ajedrez.[2]

10 —¿Más tranquilo que gato de porcelana?

Neruda soltó la manilla del portón,[3] y se acarició la barbilla.

—Mario Jiménez, aparte de *Odas elementales* tengo libros mucho mejores. Es indigno[4] que me sometas[5] a todo tipo de comparaciones y metáforas.

—¿Don Pablo?

15 —¡Metáforas, hombre!

—¿Qué son esas cosas?

El poeta puso una mano sobre el hombro del muchacho.

—Para <u>aclarártelo</u> más o menos imprecisamente, son modos de decir una cosa comparándola con otra.

20 —Deme un ejemplo.

Neruda miró su reloj y suspiró.[6]

—Bueno, cuando tú dices que el cielo está llorando. ¿Qué es lo que quieres decir?

—¡Qué fácil! Que está lloviendo, pu'.[7]

25 —Bueno, eso es una metáfora.

—Y ¿por qué, si es una cosa tan fácil, se llama tan complicado?

—Porque los nombres no tienen nada que ver con la simplicidad o complicidad de las cosas. Según tu teoría, una cosa chica que vuela no debiera tener un nombre tan largo como *mariposa*.[8] Piensa que *elefante* tiene la

30 misma cantidad de letras que *mariposa* y es mucho más grande y no vuela— concluyó Neruda exhausto. Con un resto de ánimo[9] le indicó a Mario el rumbo hacia la caleta. Pero el cartero tuvo la prestancia[10] de decir:

—¡P'tas que me gustaría ser poeta![11]

(continúa)

---

[1]Clavado… *Stuck in the ground like a lance?*   [2]quieto… *still like a chess rook*   [3]manilla… *gate handle*   [4]*awful*   [5]me… *you subject me*   [6]*sighed*   [7]*duh (slang)*   [8]*butterfly*   [9]Con… *With what little vivacity he had left*   [10]*impulse*   [11]P'tas… *Jeez (slang)*

—¡Hombre! En Chile todos son poetas. Es más original que sigas siendo
cartero. Por lo menos caminas mucho y no engordas. En Chile todos los poetas somos guatones.

Neruda retomó la manilla de la puerta, y se disponía a entrar, cuando
Mario mirando el vuelo de un pájaro invisible, dijo:

—Es que si fuera poeta podría decir lo que quiero.

—¿Y qué es lo que quieres decir?

—Bueno, ése es justamente el problema. Que como no soy poeta, no
puedo decirlo.

El vate[12] se apretó las cejas sobre el tabique de la nariz.[13]

—¿Mario?

—¿Don Pablo?

—Voy a despedirme y a cerrar la puerta.

—Sí, don Pablo.

—Hasta mañana.

—Hasta mañana.

¿Quién(es)? ¿Dónde? ¿Qué pasó?

Neruda detuvo la mirada sobre el resto de las cartas, y luego entreabrió[14]
el portón. El cartero estudiaba las nubes[15] con los brazos cruzados sobre el
pecho. Vino hasta su lado y picoteó el hombro con un dedo. Sin deshacer su
postura, el muchacho se lo quedó mirando.[v]

—Volví a abrir, porque sospechaba que seguías aquí.

—Es que me quedé pensando.

Neruda apretó los dedos en el codo del cartero, y lo fue conduciendo con
firmeza hacia el farol[16] donde había estacionado la bicicleta.

—¿Y para pensar te quedas sentado? Si quieres ser poeta, comienza por
pensar caminando. ¿O eres como John Wayne, que no podía caminar y mas-
car chiclets al mismo tiempo? Ahora te vas a la caleta por la playa y, mientras observas el movimiento del mar, puedes ir inventando metáforas.

—¡Deme un ejemplo!

—Mira este poema: «Aquí en la Isla, el mar, y cuánto mar. Se sale de sí
mismo a cada rato. Dice que sí, que no, que no. Dice que sí, en azul, en
espuma,[17] en galope. Dice que no, que no. No puede estarse quieto.[18] Me
llamo mar, repite pegando en una piedra sin lograr convencerla.[19] Entonces
con siete lenguas verdes, de siete tigres verdes, de siete perros verdes, de
siete mares verdes, la recorre,[20] la besa, la humedece, y se golpea el pecho
repitiendo su nombre».[v] —Hizo una pausa satisfecho—. ¿Qué te parece?

—Raro.

—«Raro.» ¡Qué crítico más severo que eres!

—No, don Pablo. Raro no lo es el poema. Raro es como *yo* me sentía
cuando usted recitaba el poema.

—Querido Mario, a ver si te desenredas[21] un poco, porque no puedo
pasar toda la mañana disfrutando de tu charla.

---

[12]*poet*   [13]*se… furrowed his brow*   [14]*half-opened*   [15]*clouds*   [16]*streetlamp*   [17]*foam, spray*
[18]*estarse… stop moving*   [19]*sin… without managing to convince her*   [20]*la… travels over her*   [21]*untangle*

—¿Cómo se lo explicara? Cuando usted decía el poema, las palabras iban de acá pa'llá.[22]

—¡Como el mar, pues!

—Sí, pues, se movían igual que el mar.

80 —Eso es el ritmo.

—Y me sentí raro, porque con tanto movimiento me marié.

—Te mareaste.

—¡Claro! Yo iba como un barco temblando en sus palabras.

Los párpados del poeta se despegaron[23] lentamente.

85 —«Como un barco temblando en mis palabras.»

—¡Claro!

—¿Sabes lo que has hecho, Mario?

—¿Qué?

—Una metáfora.

90 —Pero no vale, porque me salió de pura casualidad, no más.

—No hay imagen que no sea casual, hijo.

Mario se llevó la mano al corazón, y quiso controlar un aleteo desaforado[24] que le había subido hasta la lengua y que pugnaba por estallar[25] entre sus dientes. Detuvo la caminata, y con un dedo impertinente manipulado[26] a cen-

VOCABULARIO 95 tímetros de la nariz de su <u>emérito</u> cliente, dijo:

—Usted cree que todo el mundo, quiero decir *todo* el mundo, con el viento, los mares, los árboles, las montañas, el fuego, los animales, las casas, los desiertos, las lluvias…

—…ahora ya puedes decir «etcétera».

100 —…¡los etcéteras! ¿Usted cree que el mundo entero es la metáfora de algo?

Neruda abrió la boca, y su robusta barbilla pareció desprendérsele[27] del rostro.

(continúa)

---

[22]de… *to and fro* [23]se… *opened up* [24]aleteo… *wild flapping*
[25]pugnaba… *was struggling to explode* [26]con… *boldly pointing his finger* [27]*to detach itself*

—¿Es una huevada[28] lo que le pregunté, don Pablo?

—No, hombre, no.

105 —Es que se le puso una cara tan rara.

—No, lo que sucede es que me quedé pensando.

VOCABULARIO Espantó de un manotazo un humo imaginario[29] se levantó los <u>desfallecientes</u> pantalones y, punzando[30] con el índice el pecho del joven, dijo:

—Mira, Mario. Vamos a hacer un trato.[31] Yo ahora me voy a la cocina, me

110 preparo una omelette de aspirinas para meditar tu pregunta, y mañana te doy my opinión.

—¿En serio, don Pablo?

—Sí, hombre, sí. Hasta mañana.

Volvió a su casa y, una vez junto al portón, se recostó en su madera[32] y

115 cruzó pacientemente los brazos.

—¿No se va a entrar?—le gritó Mario.

—Ah, no. Esta vez espero a que te vayas.

El cartero apartó la bicicleta del farol, hizo sonar jubiloso su campanilla,[33] y, con una sonrisa tan amplia que abarcaba poeta y contorno,[34] dijo:

120 —Hasta luego, don Pablo.

—Hasta luego, muchacho.

¿Quién(es)? ¿Dónde? ¿Qué pasó?

Después de leer

A. Comprensión

Paso 1 Conteste las siguientes preguntas, según la lectura.

1. ¿Cómo explica don Pablo qué es una metáfora para que Mario pueda entenderlo?

2. ¿Cómo le afectó a Mario el poema que le recitó don Pablo?

3. Describa cómo se sintió Mario al saber que había creado una metáfora sin darse cuenta.

4. ¿Por qué no contestó don Pablo cuando Mario le preguntó si todo el mundo era una metáfora de algo?

Paso 2 Con un compañero / una compañera, vuelvan a la lista de personajes que se encuentra en **Antes de leer**. Escriban una lista de palabras o expresiones que Uds. asocian con cada personaje.

Paso 3 Complete las siguientes oraciones como si Ud. fuera Mario, el cartero. Comparta sus oraciones con su compañero/a.

1. Cuando supe que iba a ser el cartero de don Pablo…

2. Quiero ser poeta porque…

3. Mañana, cuando vuelva a la casa de don Pablo,…

---

[28]*stupid thing*   [29]Espantó… *He waved away an imaginary cloud*   [30]*poking*   [31]hacer… *make a deal*
[32]se… *he leaned on the door frame*   [33]*bell*   [34]abarcaba… *encompassed the poet and everything around him*

Paso 4 En parejas, preparen un resumen como si fuera una carta de don Pablo a un amigo poeta en la que cuenta su encuentro con el cartero.

B. Punto clave: Comparación

Las metáforas e imágenes se hacen a base de comparaciones. Mire las siguientes comparaciones que vienen del texto.

> «—¿Clavado **como** una lanza?
> —No, quieto **como** torre de ajedrez
> —¿**Más** tranquilo **que** gato de porcelana?»

Igual que estos, muchos dichos populares de uso corriente son también comparaciones. Aquí hay varios dichos populares en español. Llene los siguientes espacios en blanco con la comparación apropiada. El símbolo entre paréntesis le indica si la comparación es de igualdad (=) o desigualdad (+). Trate de adivinar qué significan los dichos o cuál sería su equivalente en inglés.

1. Está _____ loco _____ una cabra. (+)
2. Ella es _____ cursi _____ un cochinillo con tirantes. (=)
3. _____ vale algo _____ nada. (+)
4. Vale _____ oro _____ pesa. (=)
5. _____ vale pájaro en mano _____ cien volando. (+)
6. La curiosidad puede _____ _____ el temor. (+)
7. _____ monta (*is important*) el uno _____ el otro. (=)
8. Mi abuela es _____ sorda _____ una tapia (*adobe wall*). (+)

Muchas veces, en los dichos se suprime el **tan** o **tanto**. Mire los ejemplos del texto y complete los siguientes dichos. Luego, trate de adivinar qué significan o cuál sería su equivalente en inglés.

1. Manuel trabaja _____ una fiera (*beast*).
2. Me siento _____ cucaracha en baile de gallinas.
3. Está _____ pez en el agua.
4. Dormí _____ un tronco.

C. ¡A dramatizar! En parejas, dramaticen una de las siguientes situaciones. Es necesario que consideren el contexto de la lectura.

Situación 1: Cuando Mario regresa al pueblo, su jefe le hace muchas preguntas sobre su cliente famoso.

El jefe: Ud. quiere saber cómo es la casa, cómo trata don Pablo a Mario, cuántas cartas recibe el poeta, de dónde vienen las cartas, cómo es la esposa de Neruda, etcétera.

Mario: A Ud. todavía le fascina el concepto de la metáfora que acaba de comentar con don Pablo. Conteste todas las preguntas de su jefe con metáforas e imágenes que se forman a base de comparaciones.

Situación 2: Un joven universitario / una joven universitaria entra en un café y se encuentra con una persona famosa a quien siempre ha admirado.

El joven / la joven: Ud. empieza a actuar con nerviosismo y a hacer preguntas tontas. Después de la sorpresa inicial, se relaja y empieza una conversación normal.

La persona famosa: Al principio no le interesa hablar con esta persona fanática, pero después accede a conversar con ella.

D. Hacia el análisis literario: La caracterización

Los autores usan muchos recursos para desarrollar sus personajes y darles vida propia y credibilidad. La caracterización puede ser <u>directa</u>, en la que se describe al personaje con adjetivos y con información concreta (edad, profesión, educación, etcétera) o <u>indirecta</u>, en la que se describe al personaje por medio de sus palabras y acciones. Entre las herramientas de la caracterización se encuentran el diálogo (lo que dice un personaje y cómo lo dice), las acciones de los personajes y la narración.

La caracterización de Mario en *El cartero de Neruda* es magistral (*brilliant*). Piense en la manera en que se desarrolla este personaje en la selección que acaba de leer antes de contestar las siguientes preguntas.

1. ¿Cómo es Mario? Primero, piense en los adjetivos que Ud. usaría para describirlo y después busque los adjetivos que usen el personaje de Neruda o el narrador en el texto. ¿Se usan muchos adjetivos para describir a Mario?

2. ¿Qué aspectos del habla de Mario sirven como claves para mostrar su carácter? Dé ejemplos concretos de la lectura.

3. ¿Qué acciones de Mario revelan información sobre su personalidad o su carácter? Busque ejemplos específicos en el texto.

4. ¿Es la caracterización de Mario <u>directa</u> o <u>indirecta</u>? ¿Qué tipo de información provee el narrador sobre Mario?

E. Las siete metas comunicativas en contexto

Paso 1 Escriba dos o tres frases para cada meta comunicativa. Preste atención a los puntos gramaticales que debe utilizar para hacer las oraciones precisas.

1. Describa a Pablo Neruda con sus propias palabras.

2. Compare a Mario con don Pablo.

3. Mario dice que le gustaría ser escritor pero que no tiene nada que decir. Hágale a Mario tres o cuatro sugerencias sobre lo que tiene que hacer para poder escribir bien.

4. ¿Cómo fue la juventud de Mario? Usando la información de la lectura sobre su educación, su clase social y su experiencia social, invente cómo era la niñez de Mario.

5. ¿Qué le interesa a Mario de su trabajo de cartero? ¿Qué le molesta? Y, ¿a don Pablo? ¿Qué le gusta de ser poeta? ¿Qué le fastidia?

6. Si Ud. tuviera ganas de escribir algo (poesía, narrativa, etcétera), ¿qué haría para prepararse y para iniciar el proceso de escribir?

7. Es obvio que entre los dos hombres hay una relación especial. ¿Cómo influirá el uno en el otro? ¿Qué le pasará a Mario? ¿Cómo aprovechará sus encuentros con el gran poeta?

Paso 2 Incorpore las ideas de por lo menos dos de las preguntas o afirmaciones anteriores para escribir una composición creativa que explore los temas principales de la lectura.

F. El editor exigente Un editor lee esta sección de la novela y le sugiere al autor unos cambios:

«Me gustaría saber más sobre el aspecto físico del cartero.»

Escriba un párrafo que describa la apariencia física de Mario Jiménez. Mantenga el estilo y tono de la narrativa de Skármeta. Indique dónde se debería insertar el párrafo en el texto y cómo integrarlo en el resto de la obra.

G. ¡A conversar! Conversen sobre las siguientes preguntas en grupos pequeños.

1. Tal vez hoy en día la expresión poética que más influye a los jóvenes es la música. ¿Cree que la música que Ud. escucha es poética? ¿Qué músicos o conjuntos musicales tienen las canciones más poéticas? Justifique su opinión.

2. Piense en la pregunta que Mario le hizo a don Pablo, «¿Usted cree que el mundo entero es la metáfora de algo?». ¿Por qué es una pregunta difícil? ¿Qué opina Ud.?

H. Yo, poeta ¡Sea creativo/a! Trabajen solos/as o en parejas para crear un poema sencillo de tipo «quintilla». Vean el siguiente modelo y las instrucciones para escribir una quintilla en la página 11. Luego, escriban una quintilla sobre uno de los siguientes temas: la poesía, Mario, el mar.

MODELO: Pablo Neruda
Reconocimiento mundial
Crear, inspirar, compartir
Un cartero curioso le fascina
Maestro

I. @ explorar un poco más

Pablo Neruda fue uno de los poetas más importantes de siglo XX. Alcanzó fama internacional en gran parte porque su poesía trata temas que interesan a diversos tipos de personas.

Paso 1 Fuera de clase, busque en el Internet o en la biblioteca más información sobre la poesía de Neruda. Después, formen grupos de cuatro para compartirla.

Paso 2 Busque un poema de Neruda que le guste. Su profesor(a) puede indicarle dónde Ud. puede encontrar sus poemas. Después, conteste las siguientes preguntas.

1. ¿De qué trata el poema?

2. ¿Cuáles son las comparaciones principales?

3. ¿Cuál es el tono del poema?

4. ¿Por qué le gustó ese poema?

Paso 3 Traiga el poema a la clase. En grupos de tres o cuatro, lean sus poemas y hablen de sus temas.

Paso 4 Escriba un informe usando la información que Ud. y sus compañeros han encontrado sobre la poesía de Neruda.

Capítulo 5

El mundo actual: la política y los problemas sociales

Machu Picchu, Perú

En este capítulo...

Lectura I:
«El banquete»
por Julio Ramón Ribeyro

 Meta comunicativa:
Hacer hipótesis

Análisis literario:
La ironía

Lectura II:
«El sueño del pongo»
por José María Arguedas

 Meta comunicativa:
Hacer hipótesis

Análisis literario:
El tema

HONDURAS
el Mar Caribe
NICARAGUA
PANAMÁ
● Barranquilla
Cartagena
VENEZUELA
COSTA
RICA
● Medellín
★ Bogotá
Cali
COLOMBIA
ECUADOR
Otavalo
★ Quito
Portoviejo
Guayaquil
Cuenca
el Río Amazonas
PERÚ
Trujillo
BRASIL
los Andes
Machu Picchu
el Océano Pacífico
★ Lima
Cuzco
BOLIVIA
Arequipa
Lago Titicaca
★ La Paz
● Cochabamba
● Santa Cruz
★ Sucre
las Islas Galápagos
(Ecuador)
PARAGUAY
CHILE
ARGENTINA

Lectura I: «El banquete»

Julio Ramón Ribeyro

Julio Ramón Ribeyro (1929–1994) nació en Lima, Perú, y se mudó a París en 1952, donde permaneció hasta su muerte. Se considera uno de los cuentistas peruanos de mayor influencia, conocido por sus historias realistas sobre la vida en la ciudad, en las cuales critica la clase media peruana. Entre sus obras se encuentran la colección de relatos *El gallinazo sin plumas* (1955), la novela *Crónica de San Gabriel* (1960) y su relato maestro, *Silvio en el Rosedal* (1976).

El Perú se divide en la costa, la sierra (los Andes) y la selva. La costa se considera la región más moderna y cosmopolita mientras la sierra se caracteriza como un lugar más tradicional y conservador. La selva se clasifica como primitiva. Durante los años 50, empezaron unas grandes migraciones de la sierra a la costa. Los pobres llegaron en busca de trabajo y los ricos en busca de contacto con el mundo moderno y con los centros de poder gubernamental y económico. «El banquete» trata de un hombre que se muda a Lima durante esta época para integrarse en la vida de la aristocracia costeña. Se puede observar con mucho detalle los preparativos que hace el protagonista para ganar el favor del presidente con un banquete lujoso (*extravagant*). Hace todo lo que puede para mostrar su sofisticación, pero más bien revela su falta de refinamiento.

Antes de leer

A. Para comentar   Conversen sobre las siguientes preguntas en grupos pequeños.

1. ¿Alguna vez ha hecho Ud. algo para ganarse el favor de alguien? Explique.

2. ¿Qué preparativos haría si tuviera que dar un banquete para el presidente del país?

3. ¿Cree Ud. que los favores políticos son injustos o un resultado natural de nuestro sistema de gobierno? Explique su respuesta.

B. Vocabulario del tema

Paso 1 Palabras clave   Estudie la ficha del vocabulario útil para comprender y conversar sobre la lectura. Después, en parejas, completen las oraciones con la palabra apropiada, según el contexto.

la embajada	el golpe de Estado	el pormenor
embassy	*coup*	*detail*
colocar	encargar	invertir
to place	*to commission, order*	*to invest*
confuso/a	previsto/a	propicio/a
confused	*planned, foreseen*	*favorable*

1. Dos meses antes, don Fernando había empezado a preparar todos los _____ del banquete. _____ un montón de dinero en los preparativos.

2. Además de _____ vinos y comida por avión, don Fernando ordenó la ejecución de un retrato del presidente que _____ en la parte más visible del salón.

3. Como estaba _____ un concierto en el jardín, había que construir un jardín.

4. Don Fernando pensaba que los gastos que hacía impresionarían al presidente y que éste le daría lo que pedía —un ferrocarril para llegar a su hacienda en los Andes y un puesto diplomático en una _____ en Europa.

5. Durante el banquete, don Fernando no encontraba el momento _____ para hablar con el presidente sobre sus deseos.

6. Mientras el presidente estaba en el banquete, sus enemigos aprovecharon para dar un _____. El presidente tuvo que renunciar a su puesto.

Paso 2 Vocabulario en contexto Es posible adivinar el significado de una palabra si Ud. reconoce ciertas palabras que le puedan indicar el significado general del texto.

En parejas, subrayen todas las palabras que conocen en los siguientes párrafos sacados del cuento «El banquete». Luego, adivinen qué quiere decir las palabras **en negrita.**

1. …don Fernando se vio obligado a renovar todo el **mobiliario** desde las consolas del salón hasta el último banco de la repostería. Luego vinieron las alfombras, las lámparas, las cortinas y los cuadros para cubrir esas paredes que desde que estaban limpias parecían más grandes. Finalmente, como dentro del programa estaba previsto un concierto en el jardín, fue necesario construir un jardín.

   a. *furnishings*   b. *house*   c. *banquet hall*

2. El día del banquete, los primeros en llegar fueron los **soplones.** Desde las cinco de la tarde apostados en la esquina, esforzándose por guardar un incógnito que traicionaban sus sombreros, sus modales exageradamente distraídos y sobre todo ese terrible aire de delincuencia que adquieren a menudo los investigadores, los agentes secretos y en general todos los que desempeñan oficios clandestinos.

   a. *waiters*   b. *secret service agents*   c. *guests*

3. Cuando todos estos detalles quedaron ultimados, don Fernando constató con cierta angustia que en ese banquete, al cual asistirían ciento cincuenta personas, cuarenta mozos de servicio, dos orquestas, un cuerpo de ballet y un operador de cine, había invertido toda su fortuna. Pero al fin de cuentas, todo **dispendio** le parecía pequeño para los enormes beneficios que obtendría de esta recepción.

—Con una embajada en Europa y un ferrocarril a mis tierras de la montaña rehacemos nuestra fortuna en menos de lo que canta un gallo —decía a su mujer— Yo no pido más. Soy un hombre modesto.

   a. *trouble*   b. *expense*   c. *support*

Ahora, fíjese en las palabras subrayadas de las siguientes citas, tomadas de «El banquete». Primero, indique si la palabra o la frase subrayada sirve como adjetivo, adverbio, sustantivo o verbo. Luego, adivine su significado. Finalmente, indique cuál es la palabra que le ayudó a entender la nueva palabra. La primera frase de la actividad le puede servir de modelo.

MODELO: «Se trataba de un <u>caserón</u>»
            sustantivo, huge house, casa

1. «<u>agrandar</u> las ventanas»
2. «Don Fernando, quien empezaba a <u>inquietarse</u> por la <u>tardanza</u>…»
3. «Un <u>portero</u> les abría la verja (*gate*)»
4. «Cuando todos los burgueses del <u>vecindario</u> se habían arremolinado (*gathered*) delante de la mansión…»
5. «…se vio obligado a correr de grupo en grupo para <u>reanimarlos</u> con copas de menta…»
6. «…se fueron a dormir con el <u>convencimiento</u> de que nunca antes caballero limeño había tirado con más gloria su casa por la ventana…»

 C. Visualización   Mientras lee, trate de visualizar la apariencia física y los rasgos de personalidad de los siguientes personajes.

- don Fernando Pasamano
- la esposa de Pasamano
- el presidente del Perú
- los invitados al banquete

«El banquete»

1 Con dos meses de anticipación, don Fernando Pasamano había preparado los pormenores de este magno[1] suceso. En primer término, su residencia hubo de sufrir[2] una transformación general. Como se trataba de un caserón antiguo, fue necesario echar abajo[3] algunos muros, agrandar las ventanas, cambiar la madera de los pisos y pintar de nuevo todas las paredes.^v Esta reforma trajo consigo otras y —como esas personas que cuando se compran un par de zapatos juzgan que es necesario <u>estrenarlos</u> con calcetines nuevos y luego con una camisa nueva y luego con un terno[4] nuevo y así sucesivamente

(continúa)

[1]*great*   [2]hubo… *would have to undergo*   [3]echar… *to take down*   [4]*suit*

hasta llegar al calzoncillo[5] nuevo— don Fernando se vio obligado a renovar
todo el mobiliario, desde las consolas[6] del salón hasta el último banco de la
repostería.[7] Luego vinieron las alfombras, las lámparas, las cortinas y los
cuadros para cubrir esas paredes que desde que estaban limpias parecían
más grandes. Finalmente, como dentro del programa estaba previsto un
concierto en el jardín, fue necesario construir un jardín. En quince días, una
cuadrilla[8] de jardineros japoneses edificaron, en lo que antes era una especie
de huerta[9] salvaje, un maravilloso jardín rococó* donde había cipreses talla-
dos,[10] caminitos sin salida,[11] laguna de peces rojos, una gruta para las divi-
nidades[12] y un puente rústico de madera, que cruzaba sobre un torrente[13]
imaginario.

Lo más grave, sin embargo, fue la confección del menú. Don Fernando y
su mujer, como la mayoría de la gente proveniente del interior, sólo habían
asistido en su vida a comilonas[14] provinciales, en las cuales se mezcla la
chicha[15] con el whisky y se termina devorando los cuyes[16] con la mano. Por
esta razón sus ideas acerca de lo que debía servirse en un banquete al presidente eran confusas. La parentela,[17] convocada a un consejo especial, no hizo
sino aumentar el desconcierto.[18] Al fin, don Fernando decidió hacer una en-
cuesta en los principales hoteles y restaurantes de la ciudad y así pudo enterarse de que existían manjares[19] presidenciales y vinos preciosos que fue necesario encargar por avión a las viñas del Mediodía.[20]

Cuando todos estos detalles quedaron ultimados,[21] don Fernando constató[22] con cierta angustia que en ese banquete, al cual asistirían ciento cincuenta personas, cuarenta <u>mozos</u> de servicio, dos orquestas, un cuerpo de
ballet y un operador de cine, había invertido toda su fortuna. Pero, al fin de
cuentas,[23] todo dispendio le parecía pequeño para los enormes beneficios
que obtendría de esta recepción.

—Con una embajada en Europa y un ferrocarril a mis tierras de la
montaña rehacemos nuestra fortuna en menos de lo que canta un gallo[24]
—decía a su mujer— Yo no pido más. Soy un hombre modesto.

¿Quién(es)? ¿Dónde? ¿Qué pasó?

—Falta saber si el presidente vendrá —replicaba su mujer.

En efecto, don Fernando había omitido hasta el momento hacer efectiva
su invitación. Le bastaba saber que era pariente del presidente —con uno de
esos parentescos serranos[25] tan <u>vagos</u> como indemostrables y que, por lo general, nunca se esclarecen[26] por temor de encontrarles un origen
adulterino[27]— para estar plenamente seguro que aceptaría. Sin embargo,
para mayor seguridad, aprovechó su primera visita al palacio para conducir
al presidente a un rincón y comunicarle humildemente su proyecto.

[5]*underwear* [6]*side tables* [7]*pantry* [8]*team* [9]*orchard* [10]cipreses... *sculpted cypress trees* [11]camini-
tos... *a labyrinth* [12]gruta... *niche for statues of gods and goddesses* [13]río [14]*feasts* [15]una bebida
alcohólica hecha de maíz [16]*guinea pigs (South American delicacy)* [17]*family, relatives* [18]*confusion*
[19]*delicacies* [20]viñas... *vineyards of the south* [21]*finalized* [22]*understood* [23]al... *when all was said and
done* [24]en... *in the blink of an eye* [25]*from the mountains* [26]nunca... *is never clarified* [27]*adulterous*

*El rococó es un estilo de arte que surgió en Francia en el siglo XVIII. Se caracteriza por la
luminosidad y la delicadeza, curvas sinuosas y figuras naturales como flores y conchas.

—Encantado —le contestó el presidente—. Me parece una magnífica idea. Pero por el momento me encuentro muy ocupado. Le confirmaré por escrito mi aceptación.

50 Don Fernando se puso a esperar la confirmación. Para combatir su impaciencia, ordenó algunas reformas complementarias que le dieron a su mansión el aspecto de un palacio afectado para alguna solemne mascarada.[28] Su última idea fue ordenar la ejecución de un retrato del presidente —que un pintor copió de una fotografía— y que él hizo colocar en la parte más visible 55 de su salón.

Al cabo de cuatro semanas, la confirmación llegó. Don Fernando, quien empezaba a inquietarse por la tardanza, tuvo la más grande alegría de su vida. Aquel fue un día de fiesta, una especie de anticipo del festín[29] que se aproximaba. Antes de dormir, salió con su mujer al balcón para contemplar 60 su jardín iluminado y cerrar con un sueño <u>bucólico</u> esa memorable jornada. El paisaje, sin embargo, parecía haber perdido sus propiedades sensibles pues donde quiera que pusiera los ojos, don Fernando se veía a sí mismo, se veía en chaqué,[30] en tarro,[31] fumando puros,[32] con una decoración de fondo donde —como en ciertos afiches[33] turísticos— se confundían los monumen- 65 tos de las cuatro ciudades más importantes de Europa. Más lejos, en un ángulo de su quimera,[34] veía un ferrocarril regresando de la floresta[35] con sus vagones cargados de oro. Y por todo sitio, <u>movediza</u> y transparente como una alegoría de la sensualidad, veía una figura femenina que tenía las piernas de una *cocotte*,[36] el sombrero de una marquesa, los ojos de una tahitiana 70 y absolutamente nada de su mujer.[v]

¿Quién(es)? ¿Dónde? ¿Qué pasó?

(continúa)

[28]*costume ball* [29]*feast, banquet* [30]*tailcoat* [31]*top hat* [32]*cigars* [33]*posters* [34]*daydream* [35]*bosque*
[36]*prostitute (French)*

El día del banquete, los primeros en llegar fueron los soplones. Desde las cinco de la tarde estaban apostados[37] en la esquina, esforzándose por guardar un incógnito que traicionaban sus sombreros, sus modales exageradamente distraídos y sobre todo ese terrible aire de delincuencia que adquieren a menudo los investigadores, los agentes secretos y en general todos los que desempeñan oficios clandestinos.[38]

Luego fueron llegando los automóviles. De su interior descendían ministros, parlamentarios, diplomáticos, hombres de negocios, hombres inteligentes. Un portero les abría la verja,[39] un ujier[40] los anunciaba, un valet recibía sus prendas[41] y don Fernando, en medio del vestíbulo, les estrechaba la mano, murmurando frases corteses y conmovidas.[v]

Cuando todos los burgueses del vecindario se habían arremolinado[42] delante de la mansión y la gente de los conventillos se hacía una fiesta de fasto[43] tan inesperado, llegó el presidente. Escoltado[44] por sus edecanes[45] penetró en la casa y don Fernando, olvidándose de las reglas de la etiqueta, movido por un impulso de compadre, se le echó en los brazos[46] con tanta simpatía que le dañó una de sus charreteras.[47]

Repartidos por los salones, los pasillos, la terraza y el jardín, los invitados se bebieron discretamente, entre chistes y epigramas, los cuarenta cajones de whisky. Luego se acomodaron en las mesas que les estaban reservadas —la más grande, decorada con orquídeas, fue ocupada por el presidente y los hombres ejemplares— y se comenzó a comer y a charlar ruidosamente mientras la orquesta, en un ángulo del salón, trataba inútilmente de imponer un aire vienés.[48][v]

A mitad del banquete, cuando los vinos blancos del Rin[49] habían sido honrados y los tintos[50] del Mediterráneo comenzaban a llenar las copas, se inició la ronda de discursos. La llegada del faisán[51] los interrumpió y sólo al final, servido el champán, regresó la elocuencia y los panegíricos[52] se prolongaron hasta el café, para ahogarse definitivamente en las copas de coñac.

Don Fernando, mientras tanto, veía con inquietud que el banquete, pleno de salud[53] ya, seguía sus propias leyes, sin que él hubiera tenido ocasión de hacerle al presidente sus confidencias. A pesar de haberse sentado, contra las reglas del protocolo, a la izquierda del agasajado,[54] no encontraba el instante propicio para hacer un aparte.[55] Para colmo,[56] terminado el servicio, los comensales[57] se levantaron para formar grupos amodorrados y digestónicos[58] y él, en su papel de anfitrión, se vio obligado a correr de grupo en grupo para reanimarlos con copas de menta, palmaditas,[59] puros y paradojas.

¿Quién(es)? ¿Dónde? ¿Qué pasó?

Al fin, cerca de la medianoche, cuando ya el ministro de Gobierno, ebrio,[60] se había visto forzado a una aparatosa[61] retirada, don Fernando

---

[37]stationed   [38]undercover   [39]iron gate   [40]usher   [41]coats   [42]gathered   [43]la… the residents of the tenement houses made their display of pageantry   [44]Accompanied   [45]assistants   [46]se… he gave him a big hug   [47]military decorations worn on the shoulder   [48]aire… Viennese atmosphere   [49]Rhine River Valley   [50]red wines   [51]pheasant   [52]elaborate praises   [53]pleno… in full swing   [54]guest of honor   [55]hacer… take the president aside   [56]Para… To top it all off   [57]fellow diners   [58]amodorrados… sleepy and trying to digest   [59]backslaps   [60]drunk   [61]spectacular

110 logró conducir al presidente a la salita de música y allí, sentados en tino de esos canapés[62] que en la corte de Versalles servían para declararse a una princesa o para desbaratar[63] una coalición, le deslizó[64] al oído su modesta demanda.

—Pero no faltaba más[65] —replicó el presidente—. Justamente queda va-
115 cante en estos días la embajada de Roma. Mañana, en Consejo de Ministros, propondré su <u>nombramiento</u>, es decir, lo impondré. Y en lo que se refiere al ferrocarril sé que hay en Diputados una comisión que hace meses discute ese proyecto. Pasado mañana citaré a mi despacho[66] a todos sus miembros y a usted también, para que resuelvan el asunto en la forma que más convenga.

120 Una hora después el presidente se retiraba, luego de haber reiterado sus promesas. Lo siguieron sus ministros, el Congreso, etcétera, en el orden pre-establecido por los usos y costumbres. A las dos de la mañana quedaban to-davía merodeando[67] por el bar algunos cortesanos que no ostentaban[68] nin-gún título y que esperaban aún el descorchamiento[69] de alguna botella o la
125 ocasión de llevarse a hurtadillas[70] un cenicero[71] de plata. Solamente a las tres de la mañana quedaron solos don Fernando y su mujer. Cambiando impre-siones, haciendo auspiciosos proyectos, permanecieron hasta el alba[72] entre los despojos[73] de su inmenso festín. Por último, se fueron a dormir con el convencimiento de que nunca caballero limeño[74] había tirado con más gloria
130 su casa por la ventana[75] ni arriesgado su fortuna con tanta sagacidad.[76]

A las doce del día, don Fernando fue despertado por los gritos de su mu-jer. Al abrir los ojos, la vio penetrar en el dormitorio con un periódico abierto entre las manos. Arrebatándoselo,[77] leyó los titulares[78] y, sin proferir[79] una exclamación, se desvaneció[80] sobre la cama. En la madrugada, aprovechán-
135 dose de la recepción, un ministro había dado un golpe de Estado y el presi-dente había sido obligado a dimitir.[81]

 VERIFICAR

¿Quién(es)? ¿Dónde? ¿Qué pasó?

Después de leer

A. Comprensión

Paso 1 Conteste las siguientes preguntas, según la lectura.

1. ¿Qué cambios hace don Fernando en su casa en preparación para el banquete?
2. ¿Estaba acostumbrado don Fernando a dar banquetes tan elegantes? ¿Cómo lo sabe Ud.?
3. ¿Cuánto gastó don Fernando en el banquete?
4. ¿Qué favores quería pedirle don Fernando al presidente?
5. ¿Quiénes asistieron al banquete?
6. ¿Qué se sirvió en el banquete?

[62]en... *within reach of the hors d'oeuvres* [63]*thwart* [64]*slipped* [65]no... *don't mention it* [66]*office* [67]*prowling* [68]no... *didn't hold* [69]*uncorking* [70]a... *on the sly* [71]*ashtray* [72]*dawn* [73]*debris* [74]*from Lima* [75]había... *had thrown such a lavish party* [76]*cleverness* [77]*Tearing it away from her* [78]*headlines* [79]*uttering* [80]se... *he fainted* [81]*resign*

7. ¿Cómo recibió don Fernando al presidente? ¿Fue una recepción apropiada?

8. ¿Pudo hablar don Fernando con el presidente? ¿Cuándo?

9. ¿Qué respondió el presidente a lo que le pidió don Fernando?

10. ¿De qué se enteraron don Fernando y su mujer al día siguiente? ¿Qué había pasado durante el banquete?

Paso 2 Con un compañero / una compañera, vuelvan a la lista de personajes que se encuentra en **Antes de leer.** Escriban una lista de palabras o expresiones que Uds. asocian con cada personaje.

Paso 3 Complete las siguientes oraciones como si fuera don Fernando. Comparta sus oraciones con su compañero/a.

1. Quiero impresionar al presidente; por eso…

2. Cuando por fin, casi a medianoche, pude hablar con el presidente, me prometió…

3. Al día siguiente me despertaron los gritos de mi mujer, quien me anunció que…

Paso 4 En parejas, escriban una carta de agradecimiento como si fuera escrita por uno de los invitados, en la que alabe las reformas hechas a la casa y la elegancia del banquete.

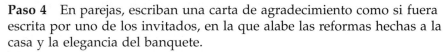

B. **Punto clave: Hacer hipótesis**

Paso 1 Haga una lista de tres de las cosas que Ud. haría si fuera uno de los invitados al banquete de los Pasamano.

Paso 2 Si «El banquete» fuera una película, ¿a qué actores escogería Ud. para hacer los papeles del Sr. Pasamano, la Sra. Pasamano y el presidente? Explique por qué escogería a estos actores.

Paso 3 Haga una lista de tres de las cosas que haría después del golpe de estado, si Ud. fuera don Fernando.

MODELO: Si yo fuera don Fernando, contrataría (*I would hire*) a un guardaespaldas (*bodyguard*).

Paso 4 Ahora, indique tres de las cosas que Ud. habría hecho de manera diferente si hubiera sido don Fernando. Luego, indique lo mismo para el presidente. Utilice acciones específicas del cuento.

MODELO: Si hubiera sido don Fernando, no habría reformado mi casa.
Si hubiera sido el presidente, no habría descuidado mi gobierno.

Paso 5 Con un compañero / una compañera, comparen sus listas. ¿En qué se asemejan (*are similar*)? ¿En qué se diferencian?

C. **¡A dramatizar!** En parejas, dramaticen una de las siguientes situaciones.

Situación 1: Una conversación entre dos invitados que están muy sorprendidos que los señores Pasamano hayan gastado tanto dinero en el banquete.

El invitado A: Ud. critica el banquete por ser demasiado extravagante y cursi. Exprese su desdén (*disdain*) por todo lo que ve.

El invitado B: Ud. comprende por qué los Pasamano han invertido tanto para ganar el apoyo del presidente. Defienda sus acciones y explíquele a su compañero/a las ventajas de agasajar (*smother with attention*) a los gobernantes.

Situación 2: Su tía es la presidenta de una universidad prestigiosa. Un amigo / una amiga le pide que Ud. lo/la ayude a conseguir una entrevista especial con ella.

El amigo / la amiga: Ud. está desesperado/a por asistir a esa universidad. Le ruega a su amigo/a que lo/la ayude.

El sobrino / la sobrina: Ud. no cree que sea apropiado usar las relaciones familiares para pedir favores, y no permite que su amigo/a le obligue a hablar con su tía.

D. Hacia el análisis literario: La ironía

La ironía es un recurso mediante el cual el autor puede transmitir información o su opinión sobre los eventos narrados de manera indirecta. La ironía se puede encontrar a nivel de lenguaje y tono, por ejemplo, cuando el escritor exagera algún asunto, dice lo contrario de lo que quiere expresar o dice menos de lo que hay que decir. La ironía también se encuentra a nivel de trama. En este caso, podemos hablar de dos tipos de ironía. *La ironía circunstancial* ocurre cuando el lector se entera de la ironía de la situación al mismo tiempo que los personajes, en el momento culminante. *La ironía dramática* existe cuando el lector está al tanto de la ironía de la situación, o sea, que lo sabe antes de que lo sepan los personajes.

1. ¿Cuál es la ironía del cuento «El banquete»?
2. Busque por lo menos tres ejemplos de ironía a nivel de lenguaje o tono en «El banquete».
3. ¿Es «El banquete» un ejemplo de ironía circunstancial o dramática? Explique su respuesta.
4. En su opinión, ¿es eficaz el uso de la ironía en el cuento? Explique su respuesta.

E. Las siete metas comunicativas en contexto

Paso 1 Escriba dos o tres oraciones para cada meta comunicativa. Preste atención a los puntos gramaticales que debe utilizar para hacer oraciones precisas.

1. Describa la casa de don Fernando después de las reformas.
2. Compare a don Fernando con el presidente. Use su imaginación.
3. Exprese dos reacciones ante lo que hizo don Fernando y dos recomendaciones sobre lo que debería hacer en el futuro.
4. ¿Qué pasó durante el banquete?
5. ¿Qué le gustó del cuento? ¿Qué le molestó? ¿Qué le sorprendió?
6. Describa con más detalle el golpe de estado. ¿Si Ud. fuera periodista, que habría escrito sobre el evento?
7. ¿Qué será del presidente después del golpe de estado? Invente su futuro.

Paso 2 Incorpore las ideas de por lo menos dos de las preguntas o afirmaciones anteriores para escribir una composición creativa que explore los temas principales de la lectura.

F. El editor exigente   Un editor lee el cuento y le sugiere al autor unos cambios:

«Me gustaría saber qué pasó con los Pasamano después de la dimisión (*resignation*) del presidente.»

Escriba otro final de uno o dos párrafos que revele qué pasó con los Pasamano después del golpe de estado. Mantenga el estilo formal y tono irónico de la narrativa de Ribeyro. Use los conectores apropiados.

G. ¡A conversar!   Conversen sobre las siguientes preguntas en grupos pequeños.

1. ¿Han leído o han oído algo sobre favores políticos que se han hecho recientemente? ¿Cuáles eran los favores? ¿Cuál es su opinión sobre ellos?

2. ¿Son necesarios los favores políticos? ¿Sería posible que el gobierno funcionara sin ellos? ¿Son los favores políticos indicio de la corrupción gubernamental? Explique su respuesta.

3. Si Ud. fuera político, ¿se aprovecharía del sistema de favores o rechazaría los favores y regalos? ¿Por qué?

H. Yo, poeta   ¡Sea creativo/a! Trabajen solos/as o en parejas para crear un poema sencillo de tipo «quintilla». Vean el siguiente modelo y las instrucciones para escribir una quintilla en la página 11. Luego, escriban una quintilla sobre uno de los siguientes temas: la Sra. Pasamano, los favores políticos, la ambición.

MODELO: Don Fernando
      Ambicioso, soñador
      Renovar, gastar, soñar
      Reforma la casa con esperanza
      Desilusión

I. @ explorar un poco más

«El banquete» alude a la inestabilidad política del Perú del momento. De hecho, durante gran parte del siglo XX, el Perú, igual que muchos otros países latinoamericanos, pasó por una serie de golpes de estado y dictaduras militares. ¿Cómo es la situación ahora?

Paso 1   Fuera de clase, busque en el Internet o en la biblioteca más información sobre la política en el área andina. Investigue uno de los países —Bolivia, Colombia, el Ecuador o el Perú— para contestar las preguntas. Después, formen grupos de cuatro para compartirla.

1. ¿Cuáles son los partidos políticos principales del país, y cuál es la tendencia política de cada uno?

2. ¿Cuál es el sistema político del país?

3. ¿Cuándo ocurrió el último golpe de estado? ¿Y la última dictadura?

4. ¿Qué partido está en el poder ahora?

5. ¿Cómo se llama el presidente, y a qué partido político pertenece?

6. ¿Quién fue presidente antes de este? ¿Cómo llegó este presidente al poder?

7. ¿Cuáles son algunos de los logros del presidente actual? ¿Está involucrado en alguna controversia?

Paso 2 Escriba un informe usando la información que Ud. y sus compañeros han encontrado sobre la situación política en la región andina.

Lectura II: «El sueño del pongo»

José María Arguedas

De niño, José María Arguedas (1911–1969) vivió entre indios quechuas de la sierra andina peruana (*Peruvian Andes*), donde aprendió a hablar su lengua perfectamente. Se hizo antropólogo y fue el máximo representante del movimiento literario «neoindigenista». El «indigenismo», de finales del siglo XIX, se caracteriza por la preocupación de los artistas, políticos, escritores y antropólogos de la época por la situación política y social de los indígenas. A mediados del siglo XX surge el «neoindigenismo», que profundiza estas preocupaciones. En su manifestación literaria, vemos un marcado interés en las culturas indígenas que trata de dar al lector una visión íntima y realista del mundo indígena actual. Arguedas es uno de los grandes intelectuales latinoamericanos, conocido principalmente por sus novelas *Yawar fiesta* (1941), *Los ríos profundos* (1958), *Todas las sangres* (1964) y *El zorro de arriba y el zorro de abajo* (1971).

El Perú, igual que sus países vecinos, Bolivia y el Ecuador, tiene un fuerte componente indígena. En la época de «El sueño del pongo», entre el 80 y 90 por ciento de la sierra andina era indígena. Esta población disfrutaba, y sigue disfrutando todavía, una cultura única. Sin embargo, como verá en el cuento, había una gran separación de clases en la sociedad andina. En la cima de la pirámide social se encontraban los blancos, que eran los terratenientes (*landowners*), políticos y líderes religiosos. Bajo este grupo estaban los mestizos, que se incorporaban entre la cultura hispano europea y la indígena. Después se situaban los indígenas que vivían en comunidades independientes o que vivían y trabajaban en las haciendas. En el nivel más bajo de la sociedad andina estaba el pongo, que servía en una hacienda, casi al nivel de un esclavo. Para los indígenas, el pongo ocupaba el peor lugar dentro de la jerarquía social ya que vivía lejos de su familia y de la comunidad indígena. «El sueño del pongo», de origen indígena moderno, fue traducido por Arguedas del quechua al español. Describe la condición miserable en la que vivían los pongos y un intento de venganza por parte de uno.

Antes de leer

A. Para comentar Conversen sobre las siguientes preguntas en grupos pequeños.

1. En su opinión, ¿quiénes son los miembros más desamparados (*helpless*) de nuestra sociedad?
2. ¿Cómo trata la gente rica o de la clase media a los pobres?
3. ¿Cree Ud. en la justicia divina? Explique.

B. Vocabulario del tema

Paso 1 Palabras clave Estudien la ficha del vocabulario útil para comprender y conversar sobre la lectura. Después, en parejas, completen las oraciones con la palabra apropiada, según el contexto.

el desprecio *disdain*	**el patrón** *boss*	**el siervo** *servant*
arrodillarse *to kneel*	**ladrar** *to bark*	**lamer** *to lick*
desnudo/a *naked*	**incomparable** *incomparable*	**inquieto/a** *impatient*

1. El patrón de la hacienda no pudo contener la risa cuando el pequeño y débil _____ lo saludó en el corredor de la residencia.
2. El patrón lo trataba con _____ hasta hacerlo _____ como si fuera un perro.
3. Un día el pongo se atrevió a describirle al patrón un sueño en el que los dos habían muerto y _____ ante el gran Padre San Francisco.
4. San Francisco ordenó que dos ángeles vinieran a ayudarlo. El ángel que le ayudó con el patrón era _____ en su belleza y el que le ayudó con el pongo era viejo y débil.
5. El patrón estaba _____ por saber cómo concluyó el sueño pero lo que no esperaba era que ese sueño acabara siendo un ejemplo de la «justicia divina».

Paso 2 Vocabulario en contexto En parejas, determinen el significado de cada palabra subrayada, según el contexto.

1. Un hombrecito <u>se encaminó a</u> la casa-hacienda de su <u>patrón</u>.
    a. se dirigió a / jefe
    b. salió de / compañero
    c. se sentó en / maestro
2. …el patrón <u>martirizaba</u> siempre al pongo delante de la <u>servidumbre</u>.
    a. alababa / sirvientes   b. castigaba / sirvientes   c. apoyaba / gente
3. …una tarde, a la hora del Ave María, cuando el corredor estaba <u>colmado</u> de toda la gente de la hacienda…
    a. vacío
    b. muy lleno
    c. abierto
4. …<u>embadurna</u> el cuerpo de este hombre con el excremento…
    a. cubrir completamente   b. lavar   c. dar un masaje

C. Visualización Mientras lee, trate de visualizar la apariencia física y los rasgos de personalidad de los siguientes personajes.

- el pongo, el protagonista
- el amo (*master*)
- la gente indígena
- el ángel joven
- el ángel viejo

«El sueño del pongo»

1 Un hombrecito se encaminó a la casa-hacienda de su patrón. Como era siervo iba a cumplir el turno[1] de pongo, de sirviente en la gran residencia. Era pequeño, de cuerpo miserable, de ánimo[2] débil, todo lamentable; sus ropas, viejas.

5 El gran señor, patrón de la hacienda, no pudo contener la risa cuando el hombrecito lo saludó en el corredor de la residencia.

—¿Eres gente u otra cosa? —le preguntó delante de todos los hombres y las mujeres que estaban de servicio.

Humillándose,[3] el pongo no contestó. <u>Atemorizado</u>, con los ojos helados,
10 se quedó de pie.

—¡A ver! —dijo el patrón—, por lo menos sabrá lavar ollas, siquiera podrá manejar la escoba, con esas manos que parece que no son nada. ¡Llévate esta inmundicia[4]! —ordenó al mandón de la hacienda.

Arrodillándose, el pongo le besó las manos al patrón y, todo agachado,[5]
15 siguió al mandón hasta la cocina.^v

El hombrecito tenía el cuerpo pequeño, sus fuerzas eran sin embargo como las de un hombre común. Todo cuanto le ordenaban hacer lo hacía bien. Pero había un poco de espanto[6] en su rostro; algunos siervos se reían de verlo así, otros lo compadecían.[7] «Huérfano[8] de huérfanos; hijo del viento
20 de la luna debe ser el frío de sus ojos, el corazón pura tristeza», había dicho la mestiza cocinera, viéndolo.

El hombrecito no hablaba con nadie; trabajaba callado; comía en silencio. Todo cuanto le ordenaban cumplía. «Sí, papacito; sí, mamacita», era cuanto solía decir.

25 Quizá a causa de tener una cierta expresión de espanto, y por su ropa tan haraposa[9] y acaso,[10] también, porque no quería hablar, el patrón sintió un especial desprecio[11] por el hombrecito. Al anochecer,[12] cuando los siervos se reunían para rezar[13] el Ave María, en el corredor de la casa-hacienda, a esa hora, el patrón martirizaba[14] siempre al pongo delante de toda la servidum-
30 bre; lo sacudía como a un trozo de pellejo.[15]

Lo empujaba de la cabeza y lo obligaba a que se arrodillara, y así, cuando ya estaba hincado,[16] le daba golpes suaves en la cara.

—Creo que eres perro. ¡Ladra! —le decía.

(continúa)

---

[1]cumplir... *fulfill his turn* [2]*spirit* [3]*groveling* [4]*filth* [5]*bent over* [6]*fear* [7]*felt compassion* [8]*Orphan*
[9]*raggedy* [10]*perhaps* [11]*contempt* [12]Al... *at nightfall* [13]*pray* [14]*made a martyr* [15]lo... *he shook him like an animal hide* [16]*crouched down*

El hombrecito no podía ladrar.

35

—Ponte en cuatro patas[17] —le ordenaba entonces.

El pongo obedecía, y daba unos pasos en cuatro pies.[v]

—Trota de costado,[18] como perro —seguía ordenándole el hacendado.

El hombrecito sabía correr imitando a los perros pequeños de la puna.[19]

El patrón reía de muy buena gana; la risa le sacudía el cuerpo.

40 —¡Regresa! —le gritaba cuando el sirviente alcanzaba trotando el extremo del gran corredor.

El pongo volvía, corriendo de costadito. Llegaba <u>fatigado</u>.

Algunos de sus semejantes, siervos, rezaban mientras tanto, el Ave María, despacio rezaban, como viento interior en el corazón.

45 —¡Alza[20] las orejas ahora, vizcacha[21]! ¡Vizcacha eres! —mandaba el señor al cansado hombrecito—. Siéntate en dos patas; empalma las manos.[22]

Como si en el vientre[23] de su madre hubiera sufrido la influencia modelante de alguna vizcacha, el pongo imitaba exactamente la figura de uno de estos animalitos, cuando permanecen quietos, como orando[24] sobre 50 las rocas. Pero no podía alzar las orejas.

Golpeándolo[25] con la bota, sin patearlo[26] fuerte, el patrón derribaba[27] al hombrecito sobre el piso de ladrillo del corredor.

—Recemos el Padrenuestro[28] —decía luego el patrón a sus indios, que esperaban en fila.

55 El pongo se levantaba a pocos, y no podía rezar porque no estaba en el lugar que le correspondía ni ese lugar correspondía a nadie.

En el oscurecer los siervos bajaban del corredor al patio y se dirigían al caserío de la hacienda.

—¡Vete, pancita! —solía ordenar, después, el patrón al pongo.

60 Y así, todos los días, el patrón hacía revolcarse[29] a su nuevo pongo, delante de la servidumbre. Lo obligaba a reírse, a fingir llanto.[30] Lo entregó a la mofa[31] de sus iguales, los colonos.[32]

¿Quién(es)? ¿Dónde? ¿Qué pasó?

Pero… una tarde, a la hora del Ave María, cuando el corredor estaba colmado[33] de toda la gente de la hacienda, cuando el patrón empezó a mirar al 65 pongo con sus densos ojos, ése, ese hombrecito, habló muy claramente. Su rostro seguía como un poco espantado.

—Gran señor, dame tu licencia;[34] padrecito mío, quiero hablarte —dijo.

El patrón no oyó lo que oía.

—¿Qué? ¿Tú eres quien ha hablado u otro? —preguntó.

70 —Tu licencia, padrecito, para hablarte. Es a ti a quien quiero hablarte —repitió el pongo.

—Habla… si puedes —contestó el hacendado.

[17]Ponte… *Get down on all fours* [18]de… *sideways* [19]tierra alta de los Andes [20]*Raise* [21]*a rodent of the Andes, similar to a chinchilla* [22]empalma… *put your hands together* [23]*womb* [24]*praying* [25]*striking him* [26]*kicking him* [27]*knocked down* [28]*Our Father (Lord's Prayer)* [29]*roll around* [30]fingir… *pretend to cry* [31]*mockery* [32]*indios que pertenecen a la hacienda* [33]*lleno* [34]dame… *give me your permission*

  —Padre mío, señor mío, corazón mío —empezó a hablar el hombrecito—. Soñé anoche que habíamos muerto los dos juntos; juntos habíamos muerto.*

75   —¿Conmigo? ¿Tú? Cuenta todo, indio —le dijo el gran patrón.

  —Como éramos hombres muertos, señor mío, aparecimos desnudos, los dos juntos; desnudos ante nuestro gran Padre San Francisco.

  —¿Y después? ¡Habla! —ordenó el patrón, entre enojado e inquieto por la curiosidad.

80   —Viéndonos muertos, desnudos, juntos, nuestro gran Padre San Francisco nos examinó con sus ojos que alcanzan[35] y miden[36] no sabemos hasta qué distancia. A ti y a mí nos examinaba, pesando, creo, el corazón de cada uno y lo que éramos y lo que somos. Como hombre rico y grande, tú enfrentabas[37] esos ojos, padre mío.

85   —¿Y tú?

  —No puedo saber cómo estuve, gran señor. Yo no puedo saber lo que valgo.[38]

  —Bueno. Sigue contando.

  —Entonces, después, nuestro Padre dijo con su boca: «De todos los ángeles, 90 el más hermoso que venga. A ese incomparable que lo acompañe otro ángel pequeño, que sea también el más hermoso. Que el ángel pequeño traiga una copa de oro, y la copa de oro llena de miel de chancaca[39] más transparente».

  —¿Y entonces? —preguntó el patrón.

  Los indios siervos oían, oían al pongo con atención, sin cuenta pero 95 <u>temerosos</u>.

VOCABULARIO

[35]*reach*   [36]*measure*   [37]*faced*   [38]*I'm worth*   [39]*miel… honey made from sugarcane*   (*continúa*)

---

*En la época de Arguedas (y aun hoy día) tanto los indígenas como los blancos de los Andes hablaban quechua, pero la mayoría de los lectores sólo hablaba español. Por eso, una de sus preocupaciones centrales era cómo mejor expresar el habla indígena en español. Arguedas creó un nuevo lenguaje literario, un español que refleja la riqueza léxica y sintáctica del quechua, pero sin ser demasiado caricaturesca. Por ejemplo, note como los personajes a menudo repiten el mismo concepto dicho de varias maneras y usan con exceso el gerundio y el diminutivo.

—Dueño mío: apenas nuestro gran Padre San Francisco dio la orden, apareció un ángel, brillando, alto como el sol; vino hasta llegar delante de nuestro Padre, caminando despacio. Detrás del ángel mayor marchaba otro pequeño, bello, de luz suave como el resplandor de las flores. Traía en las manos una copa de oro.

—¿Y entonces? —repitió el patrón.

—«Ángel mayor: cubre a este caballero con la miel que está en la copa de oro; que tus manos sean como plumas[40] cuando pasen sobre el cuerpo del hombre», diciendo, ordenó nuestro gran Padre. Y así el ángel excelso, levantando la miel con sus manos, enlució[41] tu cuerpecito, todo, desde la cabeza hasta las uñas de los pies. Y te erguiste,[42] solo; en el <u>resplandor</u> del cielo la luz de tu cuerpo sobresalía, como si estuviera hecho de oro, transparente.[v]

—Así tenía que ser —dijo el patrón, y luego preguntó:

—¿Y a ti?

—Cuando tú brillabas[43] en el cielo, nuestro gran Padre San Francisco volvió a ordenar: «Que de todos los ángeles del cielo venga el de menos valer, el más ordinario. Que ese ángel traiga en un tarro de gasolina excremento humano».

—¿Y entonces?

—Un ángel que ya no valía, viejo, de patas escamosas,[44] al que no le alcanzaban las fuerzas para mantener las alas en su sitio, llegó ante nuestro gran Padre; llegó bien cansado, con las alas chorreadas,[45] trayendo en las manos un tarro grande. «Oye, viejo —ordenó nuestro gran Padre a ese pobre ángel—, embadurna[46] el cuerpo de este hombrecito con el excremento que hay en esa lata que has traído; todo el cuerpo, de cualquier manera; cúbrelo como puedas. ¡Rápido!» Entonces, con sus manos nudosas,[47] el ángel viejo, sacando el excremento de la lata, me cubrió, desigual, el cuerpo, así como se echa barro en la pared de una casa ordinaria, sin cuidado. Y aparecí avergonzado, en la luz del cielo, apestando[48]…[v]

—Así mismo tenía que ser —afirmó el patrón—. ¡Continúa! ¿O todo concluye allí?

—No, padrecito mío, señor mío. Cuando nuevamente, aunque ya de otro modo, nos vimos juntos, los dos, ante nuestro gran Padre San Francisco, él volvió a mirarnos, también nuevamente, ya a ti ya a mí, largo rato. Con sus ojos que colmaban[49] el cielo, no sé hasta qué honduras[50] nos alcanzó, juntando la noche con el día, el olvido con la memoria. Y luego dijo: «Todo cuanto los ángeles debían hacer con ustedes ya está hecho. Ahora ¡lámanse[51] el uno al otro! Despacio, por mucho tiempo.» El viejo ángel rejuveneció[52] a esa misma hora; sus alas recuperaron su color negro, su gran fuerza. Nuestro Padre le encomendó vigilar que su voluntad se cumpliera.[53]

¿Quién(es)? ¿Dónde? ¿Qué pasó?

---

[40]*feathers* [41]*covered* [42]*te… you rose* [43]*shined, glittered* [44]*scaly* [45]*dripping wet* [46]*smear*
[47]*knotted* [48]*stinking* [49]*filled* [50]*depths* [51]*lick each other* [52]*was rejuvenated* [53]encomendó… *made sure that his will be done*

Después de leer

A. Comprensión

Paso 1   Conteste las siguientes preguntas, según la lectura.

1. ¿Qué adjetivos utiliza el autor para describir al pongo?
2. ¿Cómo trataba el patrón al pongo? ¿Qué quería que hiciera el pongo?
3. ¿Por qué dice el pongo, «Yo no puedo saber lo que valgo»?
4. ¿Cómo eran los dos ángeles a quienes llamó San Francisco?
5. ¿Qué ordenó San Francisco que los ángeles les hicieran al patrón y al pongo?
6. ¿Qué ordenó que hicieran el patrón y el pongo al final?

Paso 2   Con un compañero / una compañera, vuelvan a la lista de personajes que se encuentra en **Antes de leer.** Escriban una lista de palabras o expresiones que Uds. asocian con cada personaje.

Paso 3   Complete las siguientes oraciones como si Ud. fuera el patrón. Comparta sus oraciones con su compañero/a.

1. Tengo un pongo que es…
2. Me encanta que él…
3. Pero un día, me contó…
4. No puedo creer que en el sueño…

Paso 4   En parejas, hagan un resumen como si Ud. fuera uno de los sirvientes que vio el maltrato y la venganza (*revenge*) del pongo.

REACCIONAR
R
RECOMENDAR

B. Punto clave: Reacciones y recomendaciones

Paso 1   Reaccione ante las siguientes afirmaciones sobre la gente indígena. Trate de usar varias expresiones para reaccionar (Es horrible que…, No es justo que…, Es verdad que…, etcéterca). Después, dé una recomendación para cada situación. Use diferentes verbos para recomendar (aconsejar, sugerir, etcétera).

1. Normalmente, la gente indígena en el Perú es muy pobre.
2. Los pongos sufren más que nadie.
3. Los pongos obedecen a sus patrones.
4. A pesar de su pobreza, la gente indígena es muy orgullosa.
5. Después de 500 años de opresión, los indígenas todavía mantienen su lengua y su cultura.

Paso 2   Reaccione ante lo que pasó en el cuento, según las siguientes oraciones. Trate de usar diferentes expresiones para reaccionar (Es horrible que…, No es justo que…, Es verdad que…, etcétera). Tenga cuidado con los tiempos verbales.

1. El patrón le pidió al pongo que actuara como un perro.
2. El patrón se burlaba del pongo.
3. En el sueño del pongo, San Francisco ordenó que cubrieran al patrón de miel y al pongo de excremento.
4. Al final, los dos tuvieron que lamerse el uno al otro.

Lectura II: «El sueño del pongo»   **105**

C. ¡A dramatizar! En parejas, dramaticen una de las siguientes situaciones.

Situación 1: Un empleado / Una empleada del patrón habla con el mandón (*foreman*) de la hacienda sobre las condiciones del trabajo.

El empleado / la empleada: Ud. trabaja para el patrón del pongo y ha sido testigo del abuso al que éste fue sujeto. En este momento, Ud. está indignado/a y confronta al mandón por su falta de solidaridad con su gente, que como él, es indígena. Exprésele lo que Ud. habría hecho diferente si fuera el mandón.

El mandón: Ud. responde a las preguntas que le hace y se defiende. También explica porqué le tiene tanto miedo al patrón.

Situación 2: San Francisco habla con el patrón sobre su tratamiento del pongo.

El patrón: Ud. reacciona ante la orden de San Francisco de lamer al pongo. Obviamente, Ud. se niega rotundamente (*emphatically*) a actuar así con una persona que Ud. considera tan inferior, como lo es el pongo, y le dice a San Francisco qué haría Ud. si tuviera el poder divino que él tiene.

San Francisco: Ud. escucha pacientemente las quejas y protestas del patrón. Después de recordarle las barbaridades que él ha cometido contra el pongo, le explica cómo Ud. trataría a sus empleados si fuera patrón.

D. Hacia el análisis literario: El tema

El tema es el significado o la idea central de una obra; es el mensaje principal que el autor quiere comunicar (y claro, es posible encontrar varios temas en una misma obra). En un ensayo, artículo u otro tipo de escritura expositoria, el tema se comunica directamente, a menudo al principio de la obra. Sin embargo, en una obra creativa el tema se comunica de manera indirecta, por medio de los personajes, sus acciones y sus diálogos, el punto de vista del narrador, el uso de las metáforas y la ironía, en fin, por medio de una variedad de recursos literarios. En una obra literaria ningún detalle es gratuito. Por eso es muy importante que el lector esté alerta y preste atención a cada detalle para poder captar el tema o los temas de la obra.

En grupos de dos o tres, contesten las siguientes preguntas sobre el tema de «El sueño del pongo».

1. En su opinión, ¿cuál es el tema central del cuento? Después de comentarlo y llegar a un acuerdo, escriban dos o tres frases para expresar el tema de manera concisa y concreta.

2. ¿Cuáles son los recursos literarios que mejor revelan el tema de este cuento? Dé ejemplos concretos del texto para apoyar su respuesta.

E. Las siete metas communicativas en contexto

Paso 1 Escriba dos o tres oraciones para cada meta comunicativa. Preste atención a los puntos gramaticales que debe utilizar para hacer oraciones precisas.

1. Describa con sus propias palabras al pongo y al patrón. Busque evidencia en el texto para apoyar su descripción.

2. Compare a los dos ángeles.

REACCIONAR

R

RECOMENDAR

PASADO

P

GUSTOS

G

HIPÓTESIS

H

FUTURO

F

3. El patrón todavía tiene tiempo de salvarse. Hágale tres recomendaciones sobre cómo cambiar de actitud y mejorar su vida para no sufrir después de su muerte.

4. Hable sobre un momento en su pasado en el que Ud. o alguien que Ud. conoce retó (*challenged*) a una persona en una posición de autoridad. ¿Por qué lo hizo? ¿Cómo reaccionó esa persona?

5. ¿Qué le gustó del cuento? ¿Qué le molestó? ¿Qué le sorprendió?

6. Si Ud. fuera el dueño de una hacienda, ¿cómo trataría a los trabajadores? ¿Qué beneficios les daría? ¿Cuánto les pagaría? ¿Qué les exigiría?

7. ¿Cómo cambiará la relación entre el pongo y el patrón ahora que el pongo le ha contado su sueño?

Paso 2 Incorpore las ideas de por lo menos dos de las preguntas o afirmaciones anteriores para escribir una composición creativa que explore los temas principales de la lectura.

F. **El editor exigente**   Un editor lee el cuento y le sugiere al autor unos cambios:

«Me gustaría saber la reacción del patrón al escuchar el final del sueño del pongo.»

Escriba uno o dos párrafos en los que el patrón reaccione ante lo que le contó el pongo. La reacción puede ser abierta (o sea, expresada en un diálogo) o puede ser un monólogo interior en el que el patrón piense sobre lo que acaba de escuchar. Mantenga el estilo y tono de la narrativa de Arguedas.

G. **¡A conversar!**   Conversen sobre las siguientes preguntas en grupos pequeños.

1. ¿Es posible eliminar la desigualdad social? ¿Qué se podría hacer para disminuir las diferencias económicas entre las clases sociales o grupos étnicos? ¿Es necesario, o incluso deseable, eliminar las diferencias?

2. ¿Cuál es la venganza del pongo? ¿Cree que sea una venganza efectiva? Explique.

3. Ahora en las escuelas el multiculturalismo y el respeto a la dignidad de todos los seres humanos son temas que se presentan con frecuencia. ¿Es posible enseñar esto en las escuelas? ¿Qué se puede hacer? ¿Efectuará algún cambio positivo en la sociedad?

H. **Yo, poeta**   ¡Sea creativo/a! Trabajen solos/as o en parejas para crear un poema sencillo de tipo «quintilla». Vean el siguiente modelo y las instrucciones para escribir una quintilla en la página 11. Luego, escriban una quintilla sobre uno de los siguientes temas: el pongo, la justicia, la venganza.

MODELO: Patrón
          Crueldad insufrible
          Burlar, humillar, despreciar
          ¿Por qué goza del sufrimiento?
          Abusador

I. @ **explorar un poco más**

«El sueño del pongo» trata de las injusticias sufridas por la gente indígena durante los últimos cinco siglos. Sin embargo, ahora la situación de muchos grupos indígenas está mejorando, y algunos están retando directamente a los grupos dominantes y a las corporaciones multinacionales que por tanto tiempo los han explotado.

Paso 1 Fuera de clase, busque en el Internet o en la biblioteca más información sobre uno de los grupos indígenas de la siguiente lista. Después, formen grupos de cuatro para compartirla.

- el pueblo kayambi (el Ecuador)
- los otavaleños (el Ecuador)
- los shuar (el Ecuador)
- los aymara (Bolivia)

1. Hable sobre la vida de estos indígenas: sus trabajos, sus costumbres, la lengua que hablan, sus creencias religiosas etcétera.
2. ¿Qué problemas o conflictos han enfrentado recientemente?
3. ¿Qué organizaciones han fundado para protegerse a ellos mismos y para proteger su forma de vida?
4. ¿Qué pensaría el pongo de esta organización? ¿De qué manera funciona la organización para realizar el sueño del pongo?

Paso 2 Escriba un informe usando la información que Ud. y sus compañeros han encontrado sobre los grupos indígenas.

Capítulo 6

El porvenir y el medio ambiente

Puesto de frutas, Costa Rica

En este capítulo...

Lectura I:
Única mirando al mar
(selecciones)
por Fernando
Contreras Castro

Meta comunicativa:
Hablar del futuro

Análisis literario:
La metáfora

Lectura II:
«Pandora»
por Claribel Alegría

Meta comunicativa:
Hablar del futuro

Análisis literario:
La voz poética

FUTURO
F

MÉXICO

Tikal — BELICE

Islas de la Bahía

La Ceiba

GUATEMALA

Quetzaltenango

San Pedro Sula — HONDURAS

Metapán

Tegucigalpa

JAMAICA

el Mar Caribe

Guatemala
Santa Ana
San Salvador

San Miguel

León — *Lago de Nicaragua*

NICARAGUA

EL SALVADOR

Managua
Granada

Solentiname

Parque Nacional Tortuguero

Puerto Limón

San José

COSTA RICA

Cartago

el Golfo de los Mosquitos

Colón

PANAMÁ

el Océano Pacífico

Canal de Panamá

Panamá

COLOMBIA

Lectura I: *Única mirando al mar* (selecciones)
Fernando Contreras Castro

Fernando Contreras Castro nació en 1963 en San Ramón, Costa Rica. Tiene una licenciatura en filología española y una maestría en literatura española de la Universidad de Costa Rica, donde ha trabajado como profesor e investigador en la Escuela de Humanidades desde 1990. Ha publicado cuentos y ensayos en varias revistas costarricenses.

Única mirando al mar, publicada en 1993, es su primera novela. Se trata de una mujer, Única, jubilada (*retired*) del sistema de educación pública antes de tiempo, «por esa costumbre que tiene la gente de botar (*throw away*) lo que aún podría servir largo tiempo.» Ella vive en un basurero municipal (*city dump*) con un niño que adoptó (El Bacán) y un compañero (Momboñombo Moñagallo) que encontró casi muerto en el basurero. El «mar» al que se refiere el título, es el basurero; allí viven unos cien «buzos», personas que viven de lo que bota la gente, usando o vendiendo lo que encuentren al «bucear» (*scuba-diving*) entre la basura.

Antes de leer

A. Para comentar   Conversen sobre las siguientes preguntas en grupos pequeños.

1. ¿Cree Ud. que la basura es un gran problema hoy en día? ¿Por qué? ¿Qué se puede hacer para remediarlo?

2. ¿Ha visto a personas que viven de la basura que otros botan? ¿Cómo será la vida de estas personas? ¿Por qué vivirán así?

3. ¿Cree Ud. que el gobierno es responsable de la calidad de vida de los pobres? ¿Cree Ud. que esta responsabilidad sería mejor delegada a una institución privada, como las organizaciones sin fines de lucro (*nonprofit*) o las iglesias? Explique y comente cuáles programas ayudan o podrían ayudar a los pobres.

B. Vocabulario del tema

Paso 1: Palabras clave   Estudie la ficha del vocabulario útil para comprender y conversar sobre la lectura. Después, en parejas, completen las oraciones con la palabra apropiada, según el contexto.

el camión recolector *garbage truck*	la clausura *closing*	la huelga *strike*
aguantar *to endure*	**botar** *to throw out*	**padecer** *to suffer*
amarrado/a *tied*	**humilde** *humble*	**malsano/a** *unhealthy*

1. Las personas que viven en el basurero esperan la llegada diaria de los _____, que traen basura de todas partes de la ciudad.

2. Al enterarse de _____ del basurero, uno de sus habitantes le escribe una carta de protesta al presidente. Le dice que si cierra el basurero, no tendrá de qué vivir.

3. Única dice que más de la mitad de lo que _____ la gente no es basura; todavía sirve.

4. Obviamente, el basurero es un ambiente _____ para vivir. Los habitantes _____ de diferentes enfermedades y _____ los malos olores y la competencia con los animales.

5. En su carta, Momboñombo le pide al presidente que si va a cerrar el basurero que por lo menos les dé a cada uno de los habitantes una casita _____, un trabajo y educación para los niños.

Paso 2: Vocabulario en contexto   En el siguiente ejercicio Uds. practicarán algunas estrategias útiles para acercarse al vocabulario nuevo y para elegir la palabra o expresión más apropiada para entender el texto. En parejas, lean las frases sacadas de *Única mirando al mar* y escojan una de las siguientes cuatro estrategias para lidiar con (*deal with*) la palabra subrayada. Marquen **a, b, c** ó **d** después de cada frase para indicar qué estrategia Uds. creen que es la mejor en cada caso. Después, sigan las indicaciones de la estrategia que Uds. escogieron.

> **a.** Usar el contexto de la frase como clave para adivinar (*guess*) el significado de la palabra.
>
> **b.** Adivinar el significado de la palabra porque se parece a otra que Uds. ya conocen o es un cognado.
>
> **c.** Saltarse (*skip*) la palabra porque no parece necesaria para entender la oración.
>
> **d.** Buscar la palabra en un diccionario porque parece esencial para entender el significado de la oración.

1. «…Entre la <u>llovizna</u> persistente y los vapores de aquel mar sin <u>devenir</u>, los últimos camiones, ahora vacíos, se alejaban para comenzar otro día de recolección.»

2. «Los <u>buzos</u> <u>diurnos</u> comenzaban a desperezarse, a abrir las puertas de sus <u>tugurios</u> edificados en los precarios de las playas reventadas del mar de los peces de aluminio reciclable.»

3. «…todo el día removían y <u>amontonaban</u> basura…»

4. «Los que vivimos aquí tenemos que aguantarnos el mal olor y las <u>cochinadas de los zopilotes</u>, las moscas y las cucarachas…»

5. «…hay cosas que no se ven si uno no <u>afina</u> el ojo y cosas que no se huelen si uno no <u>afina</u> la nariz.»

6. «…por aquí no <u>se arrima</u> nunca un médico ni un trabajador social…»

C. Visualización   Mientras lee, trate de visualizar la apariencia física y los rasgos de personalidad de los siguientes personajes o lugares.

- los buzos
- el basurero
- El Bacán
- Momboñombo Moñagallo

Única mirando al mar (selecciones)

En este pasaje el narrador describe una mañana típica en el basurero:

1 Entre la llovizna persistente y los vapores de aquel mar sin devenir,[1] los últimos camiones, ahora <u>vacíos</u>, se alejaban para comenzar otro día de recolección. Los buzos habían extraído varios cargamentos[2] importantes de las profundidades de su mar muerto y antes de que los del turno del día[3] llegaran a

5 sumar[4] sus brazadas,[5] se apuraban a seleccionar sus presas[6] para la venta en las distintas recicladoras de <u>latas</u>, botellas y papel, o en las fundidoras[7] de metales más pesados.

Los buzos diurnos[8] comenzaban a desperezarse,[9] a abrir las puertas de sus tugurios[10] edificados en los precarios[11] de las playas reventadas[12] del mar
10 de los peces de aluminio reciclable. Los que vivían más lejos, se preparaban para subir la cuesta de arcilla[13] fosilizada que contenía desde hacía ya veinte años el paradero[14] de la mala conciencia de la ciudad.

…

Salvo el descanso del almuerzo y el del café de la tarde, todo el día removían
15 vían y amontonaban basura, como una marea[15] artificial, de oeste a este, de adelante hacia atrás, con la vista fija en las palas,[16] mientras las poderosas orugas[17] vencían los espolones[18] de plástico de las nuevas cargas que depositaban los camiones recolectores; de adelante hacia atrás, todo el día, como herederos del castigo de Sísifo* sin haber ofendido a los dioses con ninguna
20 astucia[19] particular.

¿Quién(es)? ¿Dónde? ¿Qué pasó?

Los habitantes de las casas vecinas del basurero <u>se hartan</u> de la suciedad y del olor y empiezan una huelga de protesta en las calles de San José. Por fin, el gobierno se ve obligado a encontrar una solución a la contaminación producida por las 800 toneladas de basura que se botan diariamente. Deciden
25 cerrar el basurero municipal y contratar a una compañía privada que se encargará de recolectar la basura y botarla lejos de la ciudad. Esta decisión provoca angustia entre los buzos, quienes no solamente no tendrán acceso al basurero privado sino tampoco a su única manera de sobrevivir. Momboñombo le escribe la siguiente carta al presidente de Costa Rica para hacerle
30 tomar conciencia[20] de la situación de los buzos y pedirle ayuda.

---

[1]futuro [2]loads [3]turno… *day shift* [4]total up [5]armfuls [6]catch, prey [7]foundries [8]daytime
[9]despertarse [10]shacks [11]edges [12]bursting [13]clay [14]stopping place [15]tide [16]shovels
[17]Caterpillar trucks [18]breakwaters [19]cunningness, trick [20]tomar… become aware

---

*En la mitología griega, Sísifo (Sisyphus), quien había ofendido a los dioses, fue condenado a una eternidad de empujar una piedra grande por una cuesta empinada (*steep hill*). Cada vez que llegaba a la cima (*peak*), la piedra rodaba hacia abajo y Sísifo tenía que empezar de nuevo.

«Estimado Señor Presidente de la República:
Muy respetuosamente le mando esta carta para ponerlo al tanto[21] de un gravísimo problema que usted ya conoce.

Mi nombre es Momboñombo Moñagallo, o mejor dicho, mi nuevo nombre, pues lo uso desde el día en que me vine a vivir aquí al precario de Rió Azul entre la comunidad de los buzos.

Nunca antes había escrito una carta, ni una carta ni gran cosa. La <u>ortografía</u> va de memoria, eso sí todavía no me falla, y las oraciones ahí van, como Dios quiera.

Por lo que he estado leyendo los últimos meses de la clausura del basurero, me veo en la necesidad de hablar en nombre de los que conformamos la comunidad de los buzos. Como usted ya sabe, habemos[22] cientos de personas que vivimos de lo que la gente bota a la basura y aunque como dice doña Única, mi mujer, que más de la mitad de lo que la gente bota no es basura, sea como sea, la verdad es que nosotros vivimos de eso.

No es que nos opongamos al cierre del basurero, no estamos ni a favor ni en contra, sino todo lo contrario.

Nosotros estamos de acuerdo con los vecinos de Río Azul y San Antonio de Desamparados, ya aquí no se puede vivir de la hediondez[23] y el mosquero.[24] Pasamos enfermos todo el tiempo, El Bacán, mi hijo adoptivo, padece de un asma que ni para qué le cuento, a veces no nos deja dormir de los ataques que le dan, y eso es por vivir aquí en el precario porque nunca hay aire puro para que corra y juegue. Mire, Señor Presidente, yo nunca había padecido de nada, sólo una vez tuve una gravedad[25] pero eso fue hace muchos años y ya ni me acuerdo de qué fue, pero apenas me vine a vivir aquí padezco de los bronquios que es un gusto y me salen salpullidos[26] por todas partes y eso es porque aquí el aire es malsano.ᵛ

¿Quién(es)? ¿Dónde? ¿Qué pasó?

Entonces, para que usted vea, soy de la opinión de que el basurero hay que cerrarlo, pero es que no es ese el problema, el problema es que, y no sé si usted ya se ha puesto a pensar en eso, el problema es que ¿qué vamos a hacer nosotros?, ¿de qué vamos a vivir cuando el basurero lo cierren?, porque sería muy fácil decir que es que nos vamos a cambiar de casa, que ahora vamos a vivir en Esparza o en Puntarenas, o donde pongan el basurero, pero como usted sabe, porque lo dicen los periódicos todos los días, el basurero va a ser privado, o sea que lo más público del mundo, que es la basura, ahora resulta que va a ser privada y dicen que no nos van a dejar ni vivir ahí, que sería mucho mejor que aquí porque el mar está cerca y el aire del mar es bueno para los bronquios, ni nos van a dejar ir a bucear allá, y es que no es ese el problema, el problema es que si existiera otra cosa que nosotros pudiéramos hacer para ganarnos el pan, pero mucha gente aquí no sabe ni leer ni escribir ni hacer otra cosa que rebuscarse[27] una platilla[28] con lo que se encuentran en el basurero. Yo le escribo esta carta porque aunque usted dice

(continúa)

[21]al… *up to date* [22]somos [23]*stench* [24]las muchas moscas [25]enfermedad [26]*rashes* [27]buscar
[28]dinero

que el basurero de Río Azul está tan sólo a cinco kilómetros de Casa Presidencial y que ahí no ha pasado nada, tal vez usted no sepa lo difícil que es para nosotros ganarnos el pan. Los que vivimos aquí tenemos que aguantarnos el mal olor y las cochinadas[29] de los zopilotes,[30] las moscas y las cucarachas que son peores, porque por lo menos las moscas duermen, pero las cucarachas trabajan jornada[31] continua y hay de noche y de día.[v] Y los que bucean por las calles de San José, no sólo se tienen que aguantar que de todo lado los corran porque riegan[32] la basura, sino que también viven respirando el <u>humo</u> de los carros y esa es otra porquería[33] que enferma a la gente.

Mire, Señor Presidente de la República, el caso es que no está bien que hayamos personas que tengamos que vivir entre la basura, pero tampoco es el caso de que a todos nosotros nos dejen morirnos de hambre ahora que la basura va a estar en manos de la empresa privada. Yo he oído eso de que la empresa privada produce libertad y no estaría nada mal que nos liberaran de vivir aquí como presos,[34] porque nuestra única falta es haber nacido pobres, pero tampoco se puede decir que uno es libre si se está muriendo de hambre. Yo he leído muchas veces eso que dijo San Guineti* de que donde hay un costarricense, esté donde esté, hay libertad, y será que yo no soy muy religioso que digamos pero yo a ese santo no lo conozco y por eso me atrevo a contradecirlo, porque aquí habemos muchos costarricenses y ninguno es libre, todos pasamos más penurias[35] que los que están en la peni[36] y todos somos más esclavos de lo que usted se imagina, es como si estuviéramos

---

[29]*disgusting messes*   [30]*buzzards*   [31]*shifts*   [32]*they scatter*   [33]*filth*   [34]*prisoners*   [35]dificultades
[36]abreviación de penitenciaría (cárcel)

---

*Se refiere a Julio María Sanguinetti, presidente del Uruguay de 1995 a 2000, quien pronunció sobre el país centroamericano: «Donde hay costarricense, hay libertad». Con su poca educación, Momboñombo cree que el nombre es de un santo. El uso del humor y los comentarios de Momboñombo ponen en duda la afirmación del uruguayo.

amarrados de pies y manos a este basurero y ahora que los periódicos dicen que lo van a cerrar, imagínese usted, es como si de pronto Dios mandara a decir que va a cerrar el mundo y que lo va a pasar para <u>Marte</u>, imagínese usted, qué haríamos nosotros. Usted me podría decir que ya hay cohetes[37] para ir a Marte, pero y si el mundo que van a abrir allá fuera privado, ¿qué? Porque nosotros también tenemos pies como para ir caminando hasta el nuevo basurero, la cosa es que si no nos van a dejar entrar ¿para qué nos sirven?

Yo soy un caso aparte, yo me vine a vivir aquí en parte porque me dio la gana, yo me boté a la basura, pero aquí hay tanta gente, como El Bacán, por ejemplo, que nació aquí y este es el único mundo que conoce. ¿Qué va a hacer El Bacán?, lo único que él sabe hacer es leer, ¿de qué va a vivir cuando le faltemos Única y yo? Y así hay tanta gente que sólo vive de lo que los demás botan que yo francamente no sé qué va a pasar. Yo les hablo, pero no sé si me entienden, yo les digo que tal vez hablando con usted algo se pueda hacer, yo les digo que yo hasta conocí a su papá, que tal vez usted me quiera escuchar porque aunque estemos tan cerca de la casa presidencial yo sé que hay cosas que no se ven si uno no afina[38] el ojo y cosas que no se huelen si uno no afina la nariz.

¿Quién(es)? ¿Dónde? ¿Qué pasó?

Tal vez lo que nosotros necesitemos también sea una de esas famosas movilidades laborales de las que tanto hablan los diarios, para que nos pongan a trabajar en otra cosa y nos den garantías sociales, porque por aquí no se arrima[39] nunca un médico ni un trabajador social, aquí no se arriman ni siquiera esos panderetas[40] que andan en los buses hablándole a la gente de la perdición de sus almas,[41] mientras hay aquí cientos de almas que se están muriendo pero de hambre y de asma.[v] Tal vez si usted nos consiguiera trabajo en otra parte donde nos enseñen a hacer algo útil, claro, y mientras nuestros niños pueden ir a la escuela, y que nos den una casita humilde pero por lo menos mejor que los cartones[42] y las latas de cinc[43] en las que vivimos, y entonces si quieren privatizar la porquería que la privaticen, pero sin dejarnos sin sustento[44] a todas las personas que vivimos aquí.

Usted podría pensar que qué nos va a poner a hacer, si no sabemos hacer nada y que cómo nos van a dar casitas a nosotros que todo lo destrozamos[45] para venderlo; pero piense primero que nada de eso lo hemos hecho los pobres por malos que somos o por mal agradecidos,[46] no, cuando un pobre hace eso con la casa que le regalaron, es sencillamente porque no sabe hacer otra cosa, eso lo hace como por un instinto pero no natural sino aprendido, yo sé que no hay instintos aprendidos, pero le pongo el ejemplo porque yo creo que así es como funciona la cosa, como un instinto aprendido. Pero si usted nos consiguiera buenas condiciones para que no tuviéramos que hacer esas cosas, yo le garantizo que algo bueno podría salir de todo esto, sobre todo porque toda esta gente de aquí es gente que si se adaptaron a vivir entre la basura, ya no hay a qué no se puedan adaptar y es sólo un poquito de

(continúa)

---

[37]*rockets* [38]*fine-tune* [39]*viene* [40]*religious zealots* [41]*souls* [42]*cardboard boxes* [43]latas… *tin cans*
[44]*sustenance* [45]destruimos [46]por… *because we're ungrateful*

educación lo que necesitan. Yo que ya llevo varios meses viviendo entre ellos le podría ayudar, con mucho gusto, a ver por dónde comenzamos a educar a esta gente, porque son buenas personas, lo malo es que se visten muy feo y
140 no se bañan y huelen muy mal aunque ya a mí no me huelen a nada, pero eso no es culpa de nosotros porque aquí ni agua hay, pero si usted los conociera vería que yo tengo razón y que no es justo que hayan gentes que ten-

VISUALIZAR

gan que vivir así.[v] Lo demás me gustaría decírselo personalmente, por lo que espero que usté[47] nos conteste pronto esta carta y nos escuche.
145 En espera de su amable atención se despide.

Momboñombo Moñagallo.»

VERIFICAR

¿Quién(es)? ¿Dónde? ¿Qué pasó?

[47]usted

Después de leer

A. Comprensión

Paso 1 Indique si las siguientes oraciones son ciertas (**C**) o falsas (**F**). Corrija las oraciones falsas e indique qué parte del texto apoya su respuesta.

1. Los buzos toman turnos para bucear en el basurero.
2. Momboñombo sabe escribir una carta formal.
3. Momboñombo dice que los buzos se oponen al cierre del basurero.
4. Única cree que la mitad de las cosas que la gente bota es útil.
5. El basurero es un lugar muy malsano.
6. Momboñombo trabaja como buzo por elección propia.
7. Momboñombo dice que el problema más grave es que los buzos no tendrán dónde vivir si se cierra el basurero.
8. Momboñombo pide que el gobierno ayude a los buzos con asistencia pública.
9. Momboñombo cree que los buzos tienen la culpa de la situación en la que viven.

Paso 2 Con un compañero / una compañera, vuelvan a la lista de personajes que se encuentra en **Antes de leer.** Escriban una lista de palabras o expresiones que Uds. asocian con cada personaje.

Paso 3 Complete las siguientes oraciones como si Ud. fuera Momboñombo. Comparta sus oraciones con su compañero/a.

1. Cuando conocí a El Bacán…
2. Cuando me enteré de que iban a cerrar el basurero…
3. Espero que el presidente me escuche porque temo que…

Paso 4 En parejas, escriban un editorial para el periódico costarricense *La Nación* en el que reaccionen ante la situación del basurero.

B. Punto clave: Hablar del futuro

Paso 1 Momboñombo está preocupado por lo que les pasará a los buzos si se cierra el basurero. Complete las oraciones para predecir el futuro de los buzos. Mire los ejemplos tomados del texto.

«¿de qué vamos a vivir cuando el basurero lo *cierren*?»

«…para que nos *pongan* a trabajar y nos *den* garantías sociales…»

1. Tan pronto como el basurero _____ (cerrarse), los buzos…
2. Después de que el presidente _____ (recibir) la carta,…
3. En cuanto la compañía privada _____ (empezar) a recoger la basura, los residentes de la zona…
4. Para que _____ (haber) servicios sociales para los buzos,…
5. Con tal de que el gobierno lo _____ (permitir), Momboñombo y su familia…
6. Sin que el gobierno los _____ (ayudar), los buzos…
7. A menos que _____ (tener) dónde trabajar, los buzos…

Paso 2 En parejas, escriban tres titulares que saldrán en el periódico costarricense *La Nación* sobre la situación de los buzos. Luego, compartan sus titulares con otra pareja. Después de leer los de la otra pareja, Uds. deben explicar lo que dirán los siguientes grupos de personas ante cada titular: los trabajadores sociales, la gente pobre de los pueblos costarricenses, el presidente y sus consejeros, los ricos de San José.

C. ¡A dramatizar!   En grupos de cuatro, dramaticen una de las siguientes situaciones.

Situación 1: Hay una discusión acalorada (*heated*) entre dos buzos y dos portavoces (*spokespersons*) del gobierno sobre su reacción ante la inminente clausura del basurero. Ambos lados presentan propuestas y soluciones para el futuro, pero ninguno se pone de acuerdo.

Los dos buzos: Uds. están indignados y muy molestos porque el presidente de la República se ha negado al diálogo y tampoco ha contestado la carta enviada por Momboñombo.

Los portavoces del presidente: Uds. mantienen un tono muy calmado y razonable y tratan de convencerlos con promesas de que en el futuro, la vida de los habitantes del basurero será muy diferente.

Situación 2: Discusión poco cordial entre dos representantes de la industria privada que quieren comprar el basurero, y dos defensores del medio ambiente que están en contra de la privatización de la basura. Las soluciones y propuestas de ambos grupos son muy conflictivas y contradictorias.

Los representantes de la industria privada: Uds. están de muy mal humor y se sienten exasperados ante la posibilidad de perder este negocio.

Los defensores del medio ambiente: Uds. son militantes y no quieren ceder (*yield*) en sus demandas. Proponen soluciones muy radicales que ofenden a los del otro bando.

D. Hacia el análisis literario: La metáfora

Las metáforas se forman a partir de una comparación entre dos cosas que normalmente no corresponden lógicamente. Se usa la metáfora para evocar significados especiales a partir de la comparación, sin tener que explicar directamente. Por medio de la metáfora, el autor hace que el lector piense en el sujeto descrito de manera diferente.

1. ¿Cuál es la metáfora principal que se usa para referirse al basurero en este texto? ¿Le parece apropiada? ¿Por qué sí o por qué no? ¿Por qué cree que el autor escogió esta metáfora?

2. Vuelva a los primeros tres párrafos de la selección que acaba de leer. Busque todas las imágenes que apuntan a la metáfora central. ¿Cómo desarrolla el autor la metáfora?

3. El autor usa otras metáforas para describir el basurero. Cuando lo llama «paradero de la mala conciencia de la ciudad», ¿qué quiere decir?

4. ¿Por qué se refiere a los buzos como «herederos del castigo de Sísifo»?

E. Las siete metas comunicativas en contexto

Paso 1 Escriba dos o tres oraciones para cada meta comunicativa. Preste atención a los puntos gramaticales que debe utilizar para hacer oraciones precisas.

1. Describa un basurero con sus propias palabras.

2. El autor compara el basurero con el mar, lo cual nos podría parecer una metáfora extraña. Haga una comparación entre lo que normalmente asociamos con el mar y lo que normalmente entendemos por un basurero.

3. Haga el papel de un consejero / una consejera del presidente de Costa Rica. Escriba dos reacciones ante las condiciones de vida de la gente que vive en el basurero y dos recomendaciones sobre qué hacer con ellos cuando el basurero se cierre.

4. Piense en algún desastre ecológico que ocurrió en el pasado o invente uno. Escriba un pequeño párrafo describiendo el desastre, qué pasó, cuáles fueron los efectos para el medio ambiente y qué se hizo para resolver la situación.

5. ¿Qué problemas ecológicos le preocupan más?

6. Si Ud. viera a una persona desconocida buscando latas dentro de su basura, ¿cómo se sentiría? ¿Qué haría?

7. En el futuro, ¿cómo podremos solucionar el problema de la basura?

Paso 2 Incorpore las ideas de por lo menos dos de las preguntas o afirmaciones anteriores para escribir una composición creativa que explore los temas principales de la lectura.

F. El editor exigente
Un editor lee el cuento y le sugiere al autor unos cambios:

«No me gusta el uso de la metáfora del mar para referirse al basurero. Busque otra metáfora más apropiada.»

Escriba uno o dos párrafos describiendo el basurero con otra metáfora. Mantenga el tono y el estilo del texto.

G. ¡A conversar!   Conversen sobre las siguientes preguntas en grupos pequeños.

1. Cuando a Ud. le molesta una situación social, ¿suele escribir cartas como la de Momboñombo? Si no, ¿qué hace? ¿Se informa mejor sobre la situación? ¿Conversa con sus amigos? ¿Participa en protestas?

2. *Única mirando al mar* es una novela que protesta contra varias situaciones injustas—la contaminación del ambiente y la indiferencia de la mayoría de nosotros ante ella, las condiciones miserables de la gente pobre y la irresponsabilidad del gobierno, entre otras. ¿Cree Ud. que la literatura puede tener un impacto en la sociedad? ¿Puede influir hasta el punto de iniciar cambios? ¿Sabe Ud. de alguna obra literária que haya tenido un gran impacto social?

3. Comente la siguiente cita tomada de la carta de Momboñombo: «Yo he oído eso de que la empresa privada produce libertad y no estaría nada mal que nos liberaran de vivir aquí como presos, porque nuestra única falta es haber nacido pobres, pero tampoco se puede decir que uno es libre si se está muriendo de hambre».

H. Yo, poeta   ¡ Sea creativo/a! Trabajen solos/as o en parejas para crear un poema sencillo de tipo «quintilla». Vean el siguiente modelo y las instrucciones para escribir una quintilla en la página 11. Luego, escriban una quintilla sobre uno de los siguientes temas: el medio ambiente, El Bacán, la responsabilidad cívica.

MODELO: Basura
　　　　　Vida nuestra
　　　　　Bucear, hallar, utilizar
　　　　　Sin la basura, no podemos sobrevivir
　　　　　Consumerismo

I. @ explorar un poco más

Única mirando al mar muestra el lado miserable de la vida de alguna gente pobre en Costa Rica. Sin embargo, Costa Rica es el país más próspero y estable de Centroamérica. Además de tener una democracia fuerte y un sistema educativo ejemplar, Costa Rica se conoce por sus esfuerzos ambientalistas.

Paso 1   Fuera de clase, busque en el Internet o en la biblioteca más información sobre una de las siguientes organizaciones y su participación en cuanto al ecoturismo y los esfuerzos ambientalistas en Costa Rica. Después, formen grupos de cuatro para compartirla.

- E.A.R.T.H. (Escuela de Agricultura de la Región Tropical Húmeda)
- Instituto Costarricense de Turismo
- Sistema Nacional de Áreas de Conservación

1. ¿Cuál es la meta principal de la organización?
2. ¿Qué oportunidades hay de visitar ese lugar o trabajar allí?
3. ¿Cuáles son algunos de los logros principales de la organización?
4. Si el gobierno ofreciera a Única, El Bacán, Momboñombo y los demás buzos la oportunidad de trabajar en esa organización u otras similares, ¿cómo cambiaría la vida de ellos? ¿Cómo cambiaría el país en general?

Paso 2   Escriba un informe usando la información que Ud. y sus compañeros han encontrado sobre los esfuerzos ambientales en Costa Rica.

Lectura II: «Pandora»
Claribel Alegría

Claribel Alegría es una de las poetas más aclamadas de Centroamérica. Aunque nació en Nicaragua en 1924, su familia se mudó a El Salvador cuando Alegría tenía apenas nueve meses, por lo que se le considera salvadoreña. Alegría es una escritora incansable a la cual ya se le atribuyen una veintena de textos poéticos publicados, además de un gran número de testimonios históricos. Testigo (*witness*) de las atrocidades de las dictaduras y guerras civiles de los países centroamericanos, Alegría escribe una poesía comprometida, preocupada por la justicia social en la zona.

El siguiente poema pertenece a la colección titulada *Fugues* (1993). En este texto Alegría se inspira en Pandora, figura femenina de la mitología griega. El dios padre Zeus encargó la creación de Pandora para torturar a los hombres por haber robado el secreto del fuego. Cada dios le dio una característica —Hefesto le dio su forma, Afrodita le dio la belleza, Hera le dio la curiosidad, etcétera. Hasta entonces, el mundo vivía en armonía, pero Hermes le dio a Pandora una caja que nunca debía de abrir. Ella no pudo soportar la curiosidad que le causó y la abrió, dejando salir la plaga, la pobreza, el crimen, la enfermedad, la locura y otras desgracias humanas. El mundo pasó por una época devastadora hasta que Pandora abrió la caja por segunda vez, dejando salir la esperanza. La voz poética de este texto se dirige a Pandora para presentarle una serie de situaciones que afectan al mundo moderno, mientras reconoce en Pandora su poder para alterar el caos del presente por un futuro lleno de esperanza.

Antes de leer

A. Para comentar   Conversen sobre las siguientes preguntas en grupos pequeños.

1. ¿Conoce usted a algún personaje mitológico o legendario que le parezca interesante?

2. Si Ud. se inspirara en una leyenda mitológica o en un personaje legendario para escribir un poema, ¿en qué o en quién se inspiraría? Explique.

3. Si Ud. fuera poeta que se inspirara en los problemas de la vida del siglo XXI, ¿en qué problemas se centraría? ¿Por qué?

B. Vocabulario del tema

Paso 1 Palabras clave Estudie la ficha del vocabulario útil para comprender y conversar sobre la lectura. Después, en parejas, completen las oraciones con la palabra apropiada, según el contexto.

la cesta	**la esperanza**	**la ira**
basket	*hope*	*anger*
arrancar	**brotar**	**envenenar**
to pull out	*to flow out*	*to poison*
abrumador(a)	**espeso/a**	**vano/a**
overwhelming	*thick*	*vain*

1. En el poema, la voz poética alude a una _____ que tiene Pandora que contiene muchos collares (*beaded necklaces*).
2. La voz poética se queja de que la humanidad haya _____, o destruido, los bosques de la tierra y _____, o contaminado, los ríos.
3. Esta destrucción le causa mucha _____ a la persona que habla en el poema.
4. A pesar de los problemas _____ provocados por la humanidad, la voz poética todavía parece tener un poco de _____.

Paso 2 Vocabulario en contexto El poema que va a leer contiene muchos cognados. En parejas, indiquen si cada uno de los siguientes cognados es sustantivo, adjetivo o verbo y traten de adivinar qué significa. Después, averigüen si tenían razón al leerlos en el contexto de la lectura.

COGNADO	ADJETIVO/ SUSTANTIVO/VERBO	SIGNIFICADO
se volvía **espiral**		
tú **profetizabas**		
temes que... te **devoren**		
espesas nubes **omniscientes**		
plagas		
los **escuadrones** de la muerte		
tiene **úlcera** la tierra		
para **destruir** sus bosques		

VISUALIZAR **C. Visualización** Mientras lee, trate de visualizar lo siguiente.

- Pandora
- lo que hay en la caja de Pandora

«Pandora»

1　¿Qué haces ahí Pandora?
　　¿Por qué no me miras a los ojos?
　　¿Qué haces ahí con esa cesta
　　desbordando[1] collares?
5　Te conozco
　　recuerda
　　alguna vez
　　estuvimos juntas en un cuerpo.
　　De mis labios brotaba
10　un hilito[2] de humo
　　que perezosamente se volvía espiral
　　 y tú profetizabas.
　　¿Temes que tus collares
　　se te enrosquen[3] al cuello
15　y te devoren?
　　Hay nubes grises en el cielo
　　espesas nubes omniscientes.
　　¿Temes ser portadora[4]
　　de abrumadoras plagas
20　que enluten a la tierra[5]?
　　Sé que en tu cesta

　　se revuelven
　　envidias
　　epidemias
　　la ira　　　　　　　　　　25
　　la vejez
　　los boinas verdes[6]
　　las torturas
　　los escuadrones de la muerte
　　tiene úlcera la tierra　　　30
　　una pústula[7] rosa
　　que supura[8]
　　arrancamos sus bosques
　　los quemamos
　　nos servimos del fuego　　35
　　para destruir sus bosques
　　envenenamos ríos
　　y mares
　　y hasta el aire
　　tiembla[9] el planeta　　　40
　　se sacude[10]
　　nos cuesta[11] respirar

[1]overflowing　[2]wisp　[3]coil　[4]bearer　[5]enluten... *send the world into mourning*　[6]boinas... *Green Berets*　[7]pustule　[8]oozes　[9]trembles　[10]se... *it shakes*　[11]nos... *it's difficult for us*

pero en el fondo[12] de tu cesta
aún está verde
45 la esperanza.
No dejes Pandora
que se escape
conozco bien nuestros defectos
somos curiosas
50 vanas
ambiciosas
Hefesto lo sabía
sabía que abriríamos la caja
y entre todas las plagas

nos ofreció un regalo.   55
Aún está verde
la esperanza
cierra tu cesta
Pandora
aún podemos hacernos la ilusión   60
de transformar al mundo
en un tigre con <u>alas</u>   **V**ocabulario
en un tigre amarillo
de ariscas rayas negras[13]
sobre el que todos podamos   65
cabalgar.[14v]   **V**isualizar

 VERIFICAR

¿Quién(es)? ¿Dónde? ¿Qué pasó?

---

[12]*bottom*   [13]*ariscas… wild black stripes*   [14]*ride*

Después de leer

A. Comprensión

Paso 1   Escoja la(s) respuesta(s) que mejor corresponda(n).

1. Pandora no mira a la persona que habla en el poema porque ella…
   a. tiene miedo.
   b. está ausente.
   c. no le importa.

2. Pandora y la voz que se dirige a ella en el poema…
   a. nunca se habían visto.
   b. se conocieron en el pasado.
   c. son hermanas.

3. Estos versos, «¿Temes ser portadora / de abrumadoras plagas / que enluten a la tierra?»,…
   a. aluden a la muerte y la tragedia.
   b. se refieren a terribles enfermedades.
   c. aluden a lo que pueda pasar en el futuro.

4. Los versos que hablan sobre «los boinas verdes» y «los escuadrones de la muerte» se refieren a…
   a. la moda y los colores.
   b. la vida de los seres queridos.
   c. los militares y la violencia.

5. La tierra «tiene úlcera» y la «pústula rosa que supura»…
   a. porque son elementos de la naturaleza.
   b. por maltratos y abusos contra la ecología.
   c. porque están enfermas.

6. Nos cuesta respirar el aire del planeta a causa de...
   a. la contaminación.
   b. la esperanza.
   c. la cesta de Pandora.

7. La voz poética no quiere que Pandora abra la caja...
   a. para que no se pierda la esperanza de un futuro mejor.
   b. para guardar el regalo que hizo Hefesto.
   c. para mantener la ilusión.

8. Los versos «aún está verde / la esperanza»...
   a. denotan una visión optimista.
   b. implican que la naturaleza podrá renacer.
   c. son muy pesimistas.

9. Cuando la poeta habla de «un tigre... / sobre el que todos podamos cabalgar»...
   a. alude a la fantasía.
   b. se refiere a la guerra.
   c. se asocia con la posibilidad de que todos tengan acceso a la libertad.

Paso 2 Con un compañero / una compañera, vuelvan a la lista de personajes y cosas que se encuentra en **Antes de leer.** Escriban una lista de palabras o expresiones que Uds. asocian con Pandora y lo que hay en su caja.

Paso 3 Complete las siguientes oraciones como si Ud. fuera la voz poética.

1. Antes, Pandora y yo...

2. Vi que Pandora tenía en su cesta...

3. Pero creo que para el futuro...

Paso 4 En parejas, escriban un diálogo entre Pandora y la voz poética en el que Pandora muestre pesimismo ante la esperanza de su interlocutora (*speaker*).

FUTURO
F

B. Punto clave: Hablar del futuro

Paso 1 La probabilidad Conjugue el verbo entre paréntesis para hacer una conjetura sobre cada una de las siguientes situaciones.

1. La cesta de Pandora está desbordando collares. _____ (Haber) muchos collares.

2. El mundo se está transformando. _____ (Ocurrir) algo extraordinario.

3. Las mujeres están muy ilusionadas. _____ (Tener) esperanzas.

4. En la tierra se revuelven envidias y epidemias. _____ (Sufrir) la gente.

5. Los escuadrones masacran a la gente. _____ (Ser) asesinos.

Paso 2 El futuro y las cláusulas adverbiales Escoja una cláusula adverbial de la lista **A**, un(os) sustantivo(s) de la lista **B** y un(os) verbo(s) de la lista **C** para formar seis oraciones completas sobre el futuro. Siga el modelo.

A	B	C
con tal (de) que	un tigre con alas	estar contaminado/a
hasta que	los bosques	abrir/cerrar la cesta
cuando	el planeta	dar un regalo
a menos que	los escuadrones de la	salir/detenerse/escaparse
después de que	muerte	deforestar/quemar
sin que	Pandora	cabalgar
en caso de que	la tierra	destruir
en cuanto	las plagas	terminar
para que	Hefesto	exterminar
antes de que	las torturas	
tan pronto como		

MODELO: hasta que / la hablante poética / escuchar
La hablante poética hablará con Pandora hasta que ella la escuche.

1. _____ .
2. _____ .
3. _____ .
4. _____ .
5. _____ .
6. _____ .

C. ¡A dramatizar!   En parejas, hagan una lectura dramatizada de «Pandora». Pueden usar accesorios o crear un escenario. Concéntrense en la pronunciación y en la entonación.

D. Hacia el análisis literario: La voz poética

Cuando se trata de leer y analizar un poema, es importante prestar atención a quién habla en el poema. Si en un cuento o novela hablamos de un narrador para identificar el punto de vista de quien narra, en la poesía se emplean los términos de **hablante poético,** o **voz poética.** Es la voz poética, y no el poeta en sí, quien nos habla en un poema.

Igual que con el narrador, podemos hablar de una voz poética ausente y distante, casi imperceptible, o presente en el texto e involucrada en el asunto del poema. El tipo de voz poética que escoge el poeta es importante, ya que influye en cómo nos acercamos al poema.

La voz poética no siempre es singular. En otras palabras, no siempre habla usando la primera persona singular **yo,** sino que también puede dirigirse a alguien general o particular empleando la forma plural **nosotros.** La voz que habla en el poema, junto con la persona a quien se dirige, puede revelar detalles importantes para la comprensión y la interpretación del texto.

Conteste las siguientes preguntas para analizar la voz poética de «Pandora».

1. En su opinión, ¿quién habla en los primeros versos? Justifique su respuesta.

2. ¿A quién se dirige la voz poética? ¿Qué importancia podrá tener esta elección?

3. ¿Hay otros hablantes en el poema? Dé ejemplos textuales para apoyar su respuesta.

4. ¿Por qué cambia la voz del singular al plural? ¿Qué importancia puede tener esto sobre la idea que la poeta quiere comunicar? Considere el cambio de voz al principio y luego al final del poema en su respuesta.

5. ¿Es la voz poética femenina o masculina? ¿Le parece importante su género?

E. **Las siete metas comunicativas en contexto**

Paso 1 Escriba dos o tres oraciones para cada meta comunicativa. Preste atención a los puntos gramaticales que debe utilizar para hacer oraciones precisas.

1. Imagínese la cesta que carga Pandora y descríbala con sus propias palabras.

2. Compare a Pandora con otro personaje mitológico o legendario.

3. Imagínese que Ud. es Pandora y hágale dos recomendaciones por escrito a otra mujer que tiene acceso al poder.

4. De acuerdo con el poema, ¿qué plagas salieron de la cesta de Pandora? En su opinión, ¿qué pasó después de que salieron esas plagas?

5. ¿Qué elementos de la vida moderna le preocupan a la voz poética? ¿a Ud.? ¿y a sus abuelos?

6. Si Ud. fuera Pandora y tuviera la habilidad de transformar el presente, ¿qué cosas cambiaría?

7. ¿Qué pasará cuando Pandora cierre su cesta?

Paso 2 Incorpore las ideas de por lo menos dos de las preguntas o afirmaciones anteriores para escribir una composición creativa que explore los temas principales de la lectura.

F. **El editor exigente** Un editor lee el poema y le sugiere a la autora unos cambios:

«El poema dice:

> …
> 'aún podemos hacernos la ilusión
> de transformar al mundo
> en un tigre con alas
> en un tigre amarillo
> de ariscas rayas negras
> sobre el que todos podamos cabalgar.'

¿En qué otras cosas se podría transformar el mundo? Quiero que añada otras posibilidades.»

Escriba tres o cuatro versos con ejemplos de cómo se podría transformar el mundo. Mantenga el tono y el estilo del poema.

G. ¡A conversar! Conversen sobre los siguientes temas en grupos pequeños.

1. ¿Qué futuro visualiza Ud. para la ecología del planeta Tierra? ¿Qué problemas serán graves? ¿Qué plagas «enlutarán» la Tierra? ¿Qué alternativas tenemos para confrontarlas?

2. Al hacer referencia a los «collares» que están en la cesta de Pandora, el poema sugiere que Pandora podría representar el Viejo Mundo (Europa, Asia y África), que trae collares para cambiarlos por las riquezas del Nuevo Mundo (las Américas). El Viejo Mundo también trae consigo al Nuevo Mundo una serie de plagas. ¿Está Ud. de acuerdo con esta evaluación de la conquista del Nuevo Mundo? ¿Qué plagas trajeron los conquistadores? ¿Qué aportaron los europeos al Nuevo Mundo?

3. El poema alude a la violencia política. ¿Qué ejemplos da? ¿A qué país o países se refiere? ¿Puede pensar en otros ejemplos recientes de violencia política? ¿Cómo se podrá combatir ese problema? ¿Cómo serán las relaciones internacionales de las potencias (*powers*) que mantienen el poder?

H. Yo, poeta ¡Sea creativo/a! Trabajen solos/as o en parejas para crear un poema sencillo de tipo «quintilla». Vean el siguiente modelo y las instrucciones para escribir una quintilla en la página 11. Luego, escriban una quintilla sobre uno de los siguientes temas: la violencia, la tierra, la esperanza.

MODELO: Pandora
       Mujer maligna
       Traer, abrir, envenenar
       Los dioses la mandaron
       Destructora

I. @ explorar un poco más

«Pandora» menciona varios problemas que previenen que el mundo mejore: la guerra, la falta de respeto para el medio ambiente, los defectos morales de los seres humanos, etcétera. Sin embargo, al final del poema hay la esperanza de que los seres humanos puedan efectuar un cambio. Un problema persistente en Centroamérica es cómo proveer oportunidades de trabajo y formación educativa a la gente más pobre. Hay varias organizaciones que se dedican a ayudar en este sentido.

Paso 1 Fuera de clase, busque en el Internet o en la biblioteca más información sobre una de las siguientes organizaciones y su misión. Después, formen grupos de cuatro para compartirla.

- Cafédirect
- Banco mundial (Basic Education Reform Project in Guatemala)
- Food for the Poor, United States Department of Agriculture
- Japan International Cooperation Agency
- El Cuerpo de Paz

1. ¿Cuál es la meta principal de la organización?

2. ¿En qué parte de Centroamérica trabajan?

3. ¿Qué han hecho para mejorar la situación de los lugares donde trabajan?

4. ¿Habrá un mundo mejor con la ayuda de estas organizaciones? En su opinión, ¿qué situaciones, prácticas o actitudes previenen que el mundo mejore?

Paso 2 Escriba un informe usando la información que Ud. y sus compañeros han encontrado sobre estas organizaciones.

Explicación gramatical

LOS PUNTOS CLAVE
Descripción

The following grammar summaries on (A) agreement, (B) **ser** and **estar,** (C) past participles used as adjectives, and (D) uses and omission of articles will help you give more accurate descriptions in Spanish.

A. Agreement

Although you learned about subject/verb agreement and noun/adjective agreement when you first started to learn Spanish, you may still have problems with agreement (**concordancia**), especially when the person, place, or thing continues to be alluded to in a longer text. At this point, you are probably able to assign adjectives the correct gender when they are close to the noun they modify, but you may lose sight of the gender if the sentence continues. Note the following examples.

> *Incorrect:* Las rosas amarillas que Javi le dio a Sara eran **bonitos.**
> *Correct:* **Las rosas amarillas** que Javi le dio a Sara eran **bonitas.**

Remember that adjectives agree in number and gender with the nouns they modify. Adjectives ending in **-e** agree in number only (**un chico amable, una chica amable**). The plural is formed by adding **-s** to nouns and adjectives that end in a vowel (**la rosa roja, las rosas rojas**) and **-es** to nouns and adjectives that end in a consonant (**un joven alto, unos jóvenes altos**).

One roadblock to students' mastery of agreement is the existence of words that are not obviously masculine or feminine. The following lists contain some common nouns and rules that should help you.

1. Most nouns that end in **-a** or that refer to females are feminine.

   la brisa   la madre   la mujer   la reina

2. Most nouns that end in **-o** or that refer to males are masculine.

   el libro   el padre   el rey   el viento

3. Most nouns that end in **-ción, -sión, -d, -z, -ie, -is** and **-umbre** are feminine.

la actitud	la incertidumbre	la superficie
la canción	la pensión	la universidad
la costumbre	la realidad	la virtud
la crisis	la serie	la voz

4. Most nouns that end in **-l, -n, -r,** and **-s** are masculine.

el amor	el fin	el mes
el árbol	el interés	el papel
el camión	el jamón	el perfil
el color	el lunar	el tenedor

5. Even though they end with **-a,** many words ending in **-ma, -pa,** and **-ta** are masculine.

el clima	el drama	el planeta	el programa
el cometa*	el idioma	el poema	el sistema
el diploma	el mapa	el problema	el tema

6. Feminine nouns that begin with a stressed **a-** or stressed **ha-** use masculine articles when they are singular, but feminine articles when they are plural. Remember that these feminine nouns always use feminine adjectives.

el agua fría	las aguas frías
un alma gemela	unas almas gemelas
un hacha larga	unas hachas largas

- Note that this rule applies only when the stress is on the first syllable, hence: **la atmósfera, la audición.**
- Also note that the word **arte** is generally masculine when it appears in the singular and feminine when it appears in the plural, hence: **el arte moderno, las artes gráficas.**

7. Some common words are shortened from their original feminine form. Although the shortened form ends in **-o,** the gender is still feminine.

la fotografía → la foto	la motocicleta → la moto

8. Many nouns ending in **-e** don't follow any specific gender rules. The gender of these nouns must be memorized. Most nouns ending in **-ante** or **-ente** that refer to a person can be masculine or feminine, depending upon the sex of the person to whom they refer.

el café	el/la estudiante
la gente	el/la gerente

9. Nouns and adjectives ending in **-ista** can be either masculine or feminine, depending on the gender of the person to whom they refer.

el/la artista	el presidente progresista
el/la dentista	la mujer realista
el/la periodista	

10. Finally, there are some nouns that do not follow any of the preceding rules. You will have to memorize their gender as you encounter them. Here are a few you may already know.

la cárcel	la mano	la miel	la sal

---

*Note that **el cometa** means *comet,* but **la cometa** means *kite.*

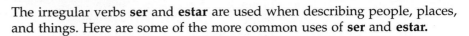

B. Ser and estar

The irregular verbs **ser** and **estar** are used when describing people, places, and things. Here are some of the more common uses of **ser** and **estar.**

SER

1. to express inherent characteristics or the perceived norm with adjectives (I)

   El presidente **era** un hombre **arrogante** y **poco confiable.**
   El champán **era francés** y el caviar **era ruso.**

2. with **de** to indicate origin (O)

   Don Fernando **es de** la sierra del Perú.
   Los vinos que ordenó **eran de** Chile.

3. with **de** to indicate possession (PO)

   La idea del banquete **era de** don Fernando.
   Los pendientes de diamantes **son de** su esposa.

4. to indicate time (T) and date (D)

   Son las 5:00 y ya llegaron las guardias del presidente.

5. to express where an event takes place (E)

   ¿Dónde **será** el banquete?

ESTAR

1. to express the location of a physical entity (L)

   ¿**Dónde está** la casa de don Fernando?
   La casa de don Fernando **está en Lima.**

2. to express a condition, such as health, mental state, or a change from the perceived norm (C)

   El día del banquete, don Fernando **estaba ansioso.**
   Los otros invitados, sin embargo, **estaban muy animados.**
   Con todos los cambios, la casa **estaba elegantísima.**

3. to form the progressive (P)

   Don Fernando **está reformando** la casa y **preparando** el jardín.

Note how the use of **ser** or **estar** in the following sentences changes their meaning.

1. La paella **es** muy rica. — *Paella is delicious. (It always is.)*
   La paella **está** muy rica. — *The paella tastes delicious. (this paella that I'm eating now)*

2. Horacio **es** nervioso. — *Horacio is nervous. (He is a nervous person.)*

   Héctor **está** nervioso. — *Héctor is nervous. (Something must have happened to make him nervous.)*

3. Susana **es** guapa. — *Susana is pretty. (She's a pretty woman.)*
   Lola **está** muy guapa. — *Lola looks very pretty. (She looks especially pretty today.)*

4. Ramón **es** aburrido.   *Ramón is boring. (He's a boring person.)*

    Pepe **está** aburrido.   *Pepe is bored. (right now)*

5. Paco **es** listo.   *Paco is smart. (He's an intelligent person.)*

    Juana **está** lista.   *Juana is ready. (She's prepared to begin/go.)*

C. Past participles used as adjectives

The past participle can be used as an adjective to modify a noun. This type of adjective is frequently used with **estar,** as it often describes the state or condition that results from an action or change. Remember that the rules of agreement apply.

- Regular past participles are formed by adding **-ado** to the stem of **-ar** verbs and **-ido** to the stem of **-er** and **-ir** verbs.

  Marta está **frustrada** porque su marido dice que tiene fiaca. (frustrar)
  El niño estaba **sorprendido** a ver a las dos viejitas vendiendo dulces. (sorprender)
  Mariíta estaba **preocupada** porque mamabuela no podía contener el llanto durante el funeral de su marido. (preocupar)

- Some verbs have irregular past participles, whereas others simply add a written accent to maintain the appropriate stress.

COMMON IRREGULAR PAST PARTICIPLES   ADDED ACCENT

abrir: abierto	morir: muerto	caer: caído
cubrir: cubierto	poner: puesto	creer: creído
decir: dicho	resolver: resuelto	leer: leído
descubrir: descubierto	romper: roto	oír: oído
escribir: escrito	ver: visto	traer: traído
hacer: hecho	volver: vuelto	

D. Uses and omission of articles

DEFINITE ARTICLES

In Spanish, the definite article (**el/la/los/las**) is necessary in many cases in which no article is used in English. Although you will find exceptions, the following rules will serve as a general guideline to help you decide whether or not to use the definite article.

1. The definite article is needed before nouns that refer to concepts and abstract things and to nouns used in a general sense.

   El amor nos ayuda a sobrevivir.   *Love helps us to survive.*
   Los deportes son importantes para **la gente joven.**   *Sports are important for young people.*
   El dinero puede causar problemas en vez de resolverlos.   *Money can cause problems instead of solving them.*

2. The definite article is used with nouns that refer to a general group.

La gente sin recursos necesita nuestra ayuda.	*People without resources need our help.*
Los inmigrantes han aportado mucho a nuestro país.	*Immigrants have contributed a lot to our country.*

3. The definite article is used for dates, seasons, meals, and hours.

Vamos a México **el 3 de enero** para pasar **el invierno** en la playa.	*We're going to Mexico on January third to spend the winter at the beach.*
Sirven **la cena** a eso de **las 8:00** de **la noche.**	*They serve dinner at about 8:00 P.M.*

4. The definite article is used in place of a possessive adjective for parts of the body and clothing.

Me puse **las sandalias** para ir a la playa.	*I put on my sandals to go to the beach.*
Rafael se lavó **la cara** con agua fría para despertarse.	*Rafael washed his face with cold water to wake up.*

5. The definite article precedes most professional titles or titles of respect, including **señor(a) (Sr[a].)** and **doctor(a) (Dr[a].)** when talking about people. The masculine plural article **los** is used with the singular surname when referring to a family.

La Sra. Romo fue a ver al **Dr.** Peña.	*Mrs. Romo went to see Dr. Peña.*
Los Rivera y **los Smith** son amigos.	*The Riveras and Smiths are friends.*

6. The definite article is used before names of sciences, skills, school subjects, and languages when they are the subjects of a sentence or the object of a preposition other than **de** or **en.** When languages are objects of a verb, the article is not used.

	El español es mi clase favorita, pero tengo problemas con **la conjugación** de los verbos.	*Spanish is my favorite class, but I have problems with verb conjugations.*
but	No estoy muy interesado en **química.**	*I'm not very interested in chemistry.*
	El libro de **alemán** cuesta más de 40 dólares.	*The German book costs more than $40.00.*
	Estoy tomando **historia, matemáticas** y **español.**	*I'm taking history, math, and Spanish.*

7. The definite article is used with **cama, cárcel, colegio, escuela, guerra, iglesia,** and **trabajo** when they are preceded by a preposition.

Si vuelves de **la escuela** antes de las 3:30, todavía estaré en **la iglesia.**	*If you return from school before 3:30, I will still be in church.*

8. The masculine singular definite article **el** forms a contraction with the prepositions **de** and **a.** These are the only such contractions in Spanish.

No encuentro las llaves **del coche.**	*I can't find the car keys.*
but No encuentro las llaves **de la casa.**	*I can't find the house keys.*
Ayer fui **al centro comercial** para comprar zapatos.	*Yesterday I went to the mall to buy shoes.*
but Ayer fui **a la zapatería,** pero no me gustaron los precios de allí.	*Yesterday I went to the shoe store, but I didn't like the prices there.*

INDEFINITE ARTICLES

In Spanish, the indefinite article (**un/una/unos/unas**) is used less frequently than in English. Therefore, the rules in Spanish deal mostly with the omission of the article.

1. No indefinite article is used after the verb **ser** when referring to professions, nationalities, or political and religious affiliations. But whenever these items are modified by an adjective, the indefinite article must be used.

No quiere ser **administradora.**	*She doesn't want to be an administrator.*
Era republicano, pero ahora es **un demócrata apasionado.**	*He was a Republican, but now he's a fervent Democrat.*

2. No indefinite article is used before **otro/a, medio/a, cierto/a, mil, cien,** or **ciento.**

No hay **otra manera** de hacer la receta excepto con **media libra** de tomates frescos.	*There's no other way to make the recipe except with a half pound of fresh tomatoes.*
El libro cuesta **mil** ciento cincuenta **pesos.**	*The book costs one thousand one hundred fifty pesos.*

Comparación

COMPARAR

When describing people, places, things, emotions, and actions, we often compare them with others that are the same or different. In this section, you will review (A) comparisons of equality. (B) comparisons of inequality, (C) irregular comparative forms, and (D) superlatives.

A. Comparisons of equality

When you compare people, places, and things that are equal, use the following formulas.

1. **tan** + *adjective* + **como** (Note that the adjective always agrees with the noun it modifies.)

   Doña Matilde es **tan cursi como** doña Asunción.
   Los camareros son **tan tacaños como** doña Rosa.

2. **tan** + *adverb* + **como**

   Doña Rosa habla **tan fuerte como** don José.
   Doña Matilde come **tan lentamente como** doña Asunción.

3. **tanto/a/os/as** + *noun* + **como** (Note that **tanto** agrees in number and gender with the noun it modifies.)

   Doña Matilde lleva **tanto perfume como** doña Asunción.
   El café de doña Rosa tiene **tantos clientes como** el café de enfrente.

4. *verb* + **tanto como** (Note that **tanto como** follows the verb.)

   El echador del café no gana **tanto dinero como** el camarero.
   Doña Rosa pelea **tanto como cualquier** hombre.

B. Comparisons of inequality

When you compare people, places, or things that are not equal, use the following formulas.

1. **más/menos** + *adjective, adverb,* or *noun* + **que**

   Doña Asunción estaba **más impresionada** con el violinista **que** doña Matilde.
   Don José iba **más frecuentemente** al café de doña Rosa **que** otros clientes.
   Los clientes que vienen después del almuerzo son **menos cultos que** los otros.

2. *verb* + **más/menos** + **que**

   Don José **gasta más que** los otros clientes.
   Las dos pensionistas **sufren menos que** los artistas.

3. **más de/menos de** + *number*

   Más de cien personas llegan al café de doña Rosa cada día.
   A doña Rosa no le gusta cobrar (*charge*) **menos de cinco pesetas** por una copa.

C. Irregular comparative forms

Some adjectives have an irregular comparative form.

mejor	*better*
peor	*worse*
mayor	*older; greater*
menor	*younger; lesser*

Doña Matilde es **menor que** doña Asunción pero **mayor que** don José.
El café de doña Rosa es **mejor que** el café de enfrente.
Los gritos de doña Rosa fueron **peores que** las quejas del violinista.

D. Superlatives

Superlative comparisons rank one member of a group as the highest or lowest example of its kind. In general, superlatives are formed as follows.

definite article + *noun* + **más/menos** + *adjective* + **de**

Doña Rosa es **la dueña más antipática** del mundo.
La solución más sensata hubiera sido echar a don José, no al violinista.

¡OJO! Irregular forms precede the noun in this type of comparison. **Más/menos** is not used in these constructions.

Echar al violinista fue **la peor idea** que tuvo doña Rosa.

Reacciones y recomendaciones

When reacting to situations or making recommendations in Spanish, you will often need to use the subjunctive mood. To help you master the concepts of the subjunctive, this section contains a review of (A) present subjunctive forms, (B) past subjunctive forms, (C) the use of the subjunctive in noun clauses, and (D) formal and informal commands.

A. Formation of the present subjunctive

1. The present subjunctive is formed by dropping the **-o** from regular present-tense first-person singular indicative forms, then adding **-e** endings to **-ar** verbs and **-a** endings to **-er/-ir** verbs.

FORMATION OF THE PRESENT SUBJUNCTIVE					
AYUDAR ayudo → ayud-		**LEER** leo → le-		**VIVIR** vivo → viv-	
ayude	ayudemos	lea	leamos	viva	vivamos
ayudes	ayudéis	leas	leáis	vivas	viváis
ayude	ayuden	lea	lean	viva	vivan

2. Verbs that undergo spelling changes or that are irregular in the first-person singular indicative retain this irregularity throughout the present subjunctive.

conocer: cono**zc**o → cono**zc**a, cono**zc**as, cono**zc**a,…
escoger: esco**j**o → esco**j**a, esco**j**as, esco**j**a,…
salir: sal**g**o → sal**g**a, sal**g**as, sal**g**a,…

3. There are only six irregular verbs in the present subjunctive. Note that the first letters of the infinitives of these irregular verbs, taken together, spell out the word DISHES.

dar: dé, des, dé, demos, deis, den
ir: vaya, vayas, vaya, vayamos, vayáis, vayan
saber: sepa, sepas, sepa, sepamos, sepáis, sepan
haber: haya, hayas, haya, hayamos, hayáis, hayan
estar: esté, estés, esté, estemos, estéis, estén
ser: sea, seas, sea, seamos, seáis, sean

4. Stem-changing **-ar** and **-er** verbs do not undergo a stem change in the subjunctive for the **nosotros** and **vosotros** forms. Stem-changing **-ir** verbs, however, do retain a stem change for those forms.

-ar: sentarse (ie) me s**ie**nte, nos s**e**ntemos, os s**e**ntéis
-er: volver (ue) v**ue**lva, v**o**lvamos, v**o**lváis
-ir: pedir (i, i) p**i**da, p**i**damos, p**i**dáis; sentir (ie, i) s**ie**nta, s**i**ntamos, s**i**ntáis; morir (ue, u) m**ue**ra, m**u**ramos, m**u**ráis

B. Formation of the past subjunctive

1. The past subjunctive of all verbs is formed by dropping the **-ron** from the third-person plural preterite form* and replacing it with endings that include **-ra**.† Note the written accents on the first-person plural forms.

FORMATION OF THE PAST SUBJUNCTIVE					
AYUDAR ayudaron → ayuda-		COMER comieron → comie-		VIVIR vivieron → vivie-	
ayuda**ra**	ayudá**ramos**	comie**ra**	comié**ramos**	vivie**ra**	vivié**ramos**
ayuda**ras**	ayuda**rais**	comie**ras**	comie**rais**	vivie**ras**	vivie**rais**
ayuda**ra**	ayuda**ran**	comie**ra**	comie**ran**	vivie**ra**	vivie**ran**

2. Some argue that there are *no* irregular verbs in the past subjunctive, because any irregularities come from the third-person plural preterite form, which is the basis for the past subjunctive stem.

dormir: d**u**rmie**ron** → d**u**rmie**ra**, d**u**rmie**ras**, d**u**rmie**ra**,...
leer: le**ye**ron → le**ye**ra, le**ye**ras, le**ye**ra,...
sentir: s**i**ntie**ron** → s**i**ntie**ra**, s**i**ntie**ras**, s**i**ntie**ra**,...
ser: **fue**ron → **fue**ra, **fue**ras, **fue**ra,...

---

*See the next section, **Narración en el pasado,** for a review of preterite forms.
†An alternative ending that includes **-se** is also possible, but it's much less common. Here's an example of **escribir** conjugated in this manner: **escribieron → escribiese, escribieses, escribiese, escribiésemos, escribieseis, escribiesen.**

C. Using the subjunctive in noun clauses

Sentences that use the subjunctive have two clauses: an independent (main) clause and a dependent (subordinate) clause. The two clauses are generally separated by the connector **que**.

INDEPENDENT CLAUSE   DEPENDENT CLAUSE

Yo recomiendo + **que** + ella tenga más paciencia.
I recommend   + (that) + she have more patience.

Note that in English the connector *that* is optional, whereas **que** is not.

1. Conditions for the use of subjunctive in Spanish

- The two clauses must have different subjects.

  Néstor quiere que **todos** lo respeten.   *Néstor wants everyone to respect him.*

- If there is no change of subject, use the infinitive in the dependent clause.

  Néstor no quería trabajar.   *Nestor didn't want to go to work.*

- The verb in the independent clause must be in the indicative and express (W) willing/wish, (E) emotion, (I) impersonal expressions, (R) requests and recommendations, (D) doubt or denial, or (O) **ojalá** (*I wish* or *Here's hoping*). If the verb in the independent clause does *not* fall into any of the above WEIRDO categories, the verb in the dependent clause must be in the indicative (even if the two clauses have different subjects). Compare the following paired examples, also noting how the sequence of tenses comes into play.

  Su esposa Marta **quiere** que él **llegue** a tiempo.   (W: *wish expressed*)
  Ella **sabe** que Néstor **está** bien y que **puede** trabajar.   (*certainty expressed*)

  El amigo **recomienda** que Néstor **vea** a un médico.   (R: *recommendation expressed*)
  Marta **está segura de** que su esposo no **hablará** con el médico. (*certainty expressed*)

  Marta **tiene miedo de** que Néstor **se haya vuelto** loco.   (E: *emotion expressed*)
  Es cierto que Néstor **es** testarudo.   (*certainty expressed*)

- Impersonal expressions or generalizations that express willing/wish, emotion, request, doubt, or denial are followed by an infinitive. When one of these generalizations is personalized (made to refer to a specific entity), however, it is followed by the subjunctive in the dependent clause.

  Es necesario avisar al jefe que no va al trabajo.   (*general*)
  Es necesario que **Néstor avise** al jefe que no va al trabajo. (*personalized*)

  Era importante respetar los deseos de Néstor.   (*general*)
  Era importante que Marta **respetara** los deseos de Néstor. (*personalized*)

- Here are some expressions that use the subjunctive.

W: willing/wish; R: requests (these expressions indicate a direct or implicit command)

(no) decir (*irreg.*) que (when **decir** means *to tell someone to do something*)	(no) necesitar que
	(no) querer (*irreg.*) que
	(no) recomendar (ie) que
(no) desear que	(no) sugerir (ie, i) que

E: emotion; O: **ojalá**

(no) alegrarse de que	(no) sentir (ie, i) que
(no) esperar que	(no) temer (*to fear*) que
(no) es una lástima que	ojalá (que)
(no) gustar que	

I: impersonal expressions (indicate opinion or a subjective reaction)

más vale que (*it's better that*)	(no) es mejor que
(no) es bueno que	(no) es necesario que
(no) es difícil que	(no) es posible que
(no) es importante que	(no) es probable que
(no) es imposible que	(no) puede ser que
(no) es increíble que	

D: doubt or denial*

dudar (*to doubt*) que	no es evidente/obvio que
negar (ie)† (*to deny*) que	no estar seguro de que
no creer que	no es verdad que
no es cierto que	no pensar (ie) que

2. Sequence of tenses

   a. If the verb in the main clause is in the present and denotes what the speaker perceives to be an objective opinion, then the action in the subordinate clause is expressed by an indicative tense based on the appropriate time frame.

MAIN CLAUSE (OBJECTIVE OPINION)	SUBORDINATE CLAUSE (INDICATIVE)	TIME FRAME OF ACTION IN SUBORDINATE CLAUSE
Sé que	comprendías.	
Creo que	has comprendido.	past
Supongo que	comprendiste.	
Opino que	comprendes.	present
Pensamos que	vas a comprender.	future
Me parece que	comprenderás.	

---

*Note that in cases where certainty is expressed, the indicative is used: **No estoy segura de que Elena tenga razón, pero es cierto que ella sabe mucho.**
†With **no negar,** either the indicative or the subjunctive may be used, although the tendency is to use the subjunctive: **No niego que sea verdad.**

Explicación gramatical   **139**

b. If the verb in the main clause is in the present and denotes a subjective comment from the WEIRDO list, then the action in the subordinate clause is expressed by a subjunctive tense based on the appropriate time frame.

MAIN CLAUSE (SUBJECTIVE OPINION WEIRDO LIST)	SUBORDINATE CLAUSE (SUBJUNCTIVE)	TIME FRAME OF ACTION IN SUBORDINATE CLAUSE
No creo que Me alegro de que	hayas comprendido. comprendieras.	past
Dudo que Es importante que	comprendas.	present or future

c. If the verb in the main clause is in the past and denotes what the speaker perceives to be an objective opinion, then the action in the subordinate clause is expressed by an indicative tense based on the appropriate time frame in relation to that of the main clause.

MAIN CLAUSE (OBJECTIVE OPINION)	SUBORDINATE CLAUSE (INDICATIVE)	TIME FRAME OF ACTION IN SUBORDINATE CLAUSE
Pensábamos que	ya se habían ido.	previous
Sabía que	lo quería.	simultaneous
Era obvio que	llegarían pronto.	subsequent

d. If the verb in the main clause is in the past and denotes a subjective comment from the WEIRDO list, then the action in the subordinate clause is expressed by a subjunctive tense based on the appropriate time frame in relation to that of the main clause.

MAIN CLAUSE (SUBJECTIVE OPINION WEIRDO LIST)	SUBORDINATE CLAUSE (SUBJUNCTIVE)	TIME FRAME OF ACTION IN SUBORDINATE CLAUSE
No creíamos que	hubieras comprendido.	previous
Temía que Era necesario que	comprendieras.	simultaneous or subsequent

D. Commands

1. With few exceptions, the forms used for commands are exactly the same as those used for the present subjunctive. Only the affirmative **tú** commands and the affirmative **vosotros** commands are formed differently.

    -   To form regular affirmative **tú** commands, use the third-person singular (present indicative) form of the verb.
    -   Here are the eight irregular affirmative **tú** commands.

decir → di	ir → ve*	salir → sal	tener → ten
hacer → haz	poner → pon	ser → sé†	venir → ven

    -   To form all affirmative **vosotros** commands, replace the final **-r** of the infinitive with **-d.**

COMMANDS			
	UD.	**UDS.**	**TÚ**	**VOSOTROS**
hablar	hable no hable	hablen no hablen	habla no hables	hablad no habléis
comer	coma no coma	coman no coman	come no comas	comed no comáis
dar	dé no dé	den no den	da no des	dad no deis
decir	diga no diga	digan no digan	di no digas	decid no digáis
ir	vaya no vaya	vayan no vayan	ve no vayas	id no vayáis

2. Pronouns (reflexive, indirect object, direct object) attach to the end of affirmative commands and precede the conjugated verb in negative commands. In the case of more than one pronoun, the order is always reflexive, indirect, direct (RID). (See the **Hablar de los gustos** section of this grammar appendix [pp. 151–156] for more on the use of direct and indirect object pronouns.)

---

*The affirmative informal command for **ir** has the same form as that of **ver: ve.** Context will determine meaning: **¡Ve a casa!, ¡Ve esa película!**

†The informal command form of **ser** is the same as the first-person singular indicative form of **saber: sé.** Again, context will determine meaning.

- Written accents are added if attaching pronouns to affirmative commands moves the stress to the third-to-last syllable or further back. This is done to maintain the stress of the original affirmative command form.
- When attaching the reflexive pronoun **os** to an affirmative **vosotros** command, remove the **-d** of the command form before attaching the **os** pronoun. (EXCEPTION: **id** retains the **-d** when adding this pronoun.) Additionally, remember to add an accent to the **i** preceding the **os** pronoun in the case of the affirmative **vosotros** commands of reflexive **-ir** verbs.

COMMANDS WITH PRONOUNS				
	UD.	**UDS.**	**TÚ**	**VOSOTROS**
hacerlo	há**galo** no **lo** haga	há**ganlo** no **lo** hagan	haz**lo** no **lo** hagas	haced**lo** no **lo** hagáis
dármela	dé**mela** no **me la** dé	dén**mela** no **me la** den	dá**mela** no **me la** des	dád**mela** no **me la** deis
levantarse	levánte**se** no **se** levante	levánten**se** no **se** levanten	levánta**te** no **te** levantes	levanta**os** no **os** levantéis
divertirse	diviérta**se** no se divierta	diviértan**se** no se diviertan	diviérte**te** no te diviertas	divertí**os** no os divirtáis
irse	váya**se** no se vaya	váyan**se** no se vayan	vete no te vayas	id**os** no os vayáis

3. To express suggestions and collective commands, such as *Let's leave, Let's speak, Let's not sing,* and so forth, use the present subjunctive **nosotros** form.

   - The one exception to this rule is the affirmative form of **ir.** Use **vamos,** not **vayamos.**
   - In the affirmative form of reflexive verbs, the final **-s** is dropped before attaching the pronoun **nos.**

NOSOTROS COMMANDS		
	AFFIRMATIVE	**NEGATIVE**
hablar	habl**emos**	no habl**emos**
ir	v**amos**	no v**ayamos**
llamarlo	llam**émoslo**	no **lo** llamemos
levantarse	levant**émonos**	no **nos** levantemos
irse	v**ámonos**	no **nos** v**ayamos**

Narración en el pasado

PASADO
P

Narrating in the past requires that you know the past-tense verb forms and that you study and practice using the preterite, the imperfect, the present perfect, and the pluperfect tenses. To help you master this **meta comunicativa,** this section contains (A) a review of the verb forms for the preterite and imperfect; (B) hints for understanding the relationship and differences between them through the use of the **carne/columna** metaphor, an explanatory chart, and symbols to show how events take place in time and in relation to each other; (C) a list of verbs with different meanings in the preterite and imperfect; (D) a review of the present perfect and pluperfect tenses; and (E) **hace… que** constructions.

A. Formation of the preterite and imperfect

1. Preterite forms

   • Here is a review of preterite verb forms, including high-frequency irregular forms.

   REGULAR PRETERITE FORMS

hab**lar:**	hab**lé**	hab**laste**	hab**ló**	hab**lamos**	hab**lasteis**	hab**laron**
com**er:**	com**í**	com**iste**	com**ió**	com**imos**	com**isteis**	com**ieron**
viv**ir:**	viv**í**	viv**iste**	viv**ió**	viv**imos**	viv**isteis**	viv**ieron**

   IRREGULAR PRETERITE FORMS

dar:	di	diste	dio	dimos	disteis	dieron
decir:	dije	dijiste	dijo	dijimos	dijisteis	dij**eron**
estar:	estuve	estuviste	estuvo	estuvimos	estuvisteis	estuvieron
hacer:	hice	hiciste	hizo*	hicimos	hicisteis	hicieron

---

*The **-c-** in the preterite stem is replaced here with **-z-** to maintain the [s] sound ([θ] in Spain).

ir:*	fui	fuiste	fue	fuimos	fuisteis	fueron
poder:	pude	pudiste	pudo	pudimos	pudisteis	pudieron
poner:	puse	pusiste	puso	pusimos	pusisteis	pusieron
querer:	quise	quisiste	quiso	quisimos	quisisteis	quisieron
saber:	supe	supiste	supo	supimos	supisteis	supieron
ser:*	fui	fuiste	fue	fuimos	fuisteis	fueron
tener:	tuve	tuviste	tuvo	tuvimos	tuvisteis	tuvieron
traer:	traje	trajiste	trajo	trajimos	trajisteis	trajeron
venir:	vine	viniste	vino	vinimos	vinisteis	vinieron

- Verbs that end in **-car, -gar,** and **-zar** show a spelling change in the first-person singular of the preterite.

  buscar: bus**qué**, buscaste, buscó,…
  pagar: pa**gué**, pagaste, pagó,…
  empezar: empe**cé**, empezaste, empezó,…

- An unstressed **-i-** between two vowels becomes **-y-** in the preterite.

  creer: cre**ió** → cre**yó**   leer: le**ió** → le**yó**
       cre**ieron** → cre**yeron**   le**ieron** → le**yeron**

- Although **-ar** and **-er** stem-changing verbs have no stem change in the preterite (**me acuesto** → **me acosté; pierde** → **perdió**), **-ir** stem-changing verbs do have a change in the preterite, but only in the third-person singular and plural. Thus, the stem vowels **e** and **o** change to **i** and **u,** respectively. You will notice in this text that some verbs are listed with two sets of letters in parentheses.

  conseguir (i, i)   divertirse (ie, i)   dormir (ue, u)

  The first set of letters indicates a stem change in the present tense and the second set represents a change in both the preterite and the present participle.

| pedir (i, i) | | | dormir (ue, u) | |
PRESENT	PRETERITE		PRESENT	PRETERITE
p**i**do	pedí		d**ue**rmo	dormí
p**i**des	pediste		d**ue**rmes	dormiste
p**i**de	p**i**dió		d**ue**rme	d**u**rmió
pedimos	pedimos		dormimos	dormimos
pedís	pedisteis		dormís	dormisteis
p**i**den	p**i**dieron		d**ue**rmen	d**u**rmieron

| PRESENT PARTICIPLE | PRESENT PARTICIPLE |
| p**i**diendo | d**u**rmiendo |

2. Imperfect forms

  - Here is a review of imperfect forms.

---

*Note that **ir** and **ser** share the same preterite forms. Context will determine meaning: **Mis tíos fueron a Londres para las vacaciones. Hace mucho tiempo que los dos** fueron **maestros.**

hablar:	hablaba	hablabas	hablaba	hablábamos	hablabais	hablaban
comer:	comía	comías	comía	comíamos	comíais	comían
vivir:	vivía	vivías	vivía	vivíamos	vivíais	vivían

- There are only three irregular verbs in the imperfect.

ir:	iba	ibas	iba	íbamos	ibais	iban
ser:	era	eras	era	éramos	erais	eran
ver:	veía	veías	veía	veíamos	veíais	veían

B. Using the preterite and imperfect

A general rule of thumb to help you understand the distinction between the preterite and the imperfect is that the preterite is used to report events that were completed in the past. The focus may be on the beginning of an event (**Empezó a llorar.**), the end of an event (**Terminó de escribir el informe.**), or on the totality of an event from beginning to end (**Compró otro coche.**). On the other hand, when the focus is on an action that was in progress, with no concern for when it started or ended, the imperfect is used. Think of the preterite verbs as those that move the story line forward (the backbone of the story) and the imperfect as the descriptive filler (the flesh) used to enhance the listener's ability to picture more fully the circumstances of the past event being described. This distinction will be presented in three ways: (1) as a metaphor to guide you as you analyze and create past-tense discourse, (2) as a general explanation of when to use the preterite or the imperfect, and (3) as an explanation of how events take place in time.

1. The metaphor*

   The backbone/flesh metaphor can help you understand the relationship between the preterite and the imperfect. Think of the backbone (**la columna**) as the information that moves a story forward, a series of completed actions (preterite). As each event ends (represented with an **X**), a new event begins, which in turn moves the story forward in time. Notice that, in the events narrated below, each preterite verb moves the story line forward from the point of Santiago's waking up to the point of his leaving. The preterite is the backbone of the story.

Santiago se despertó temprano.	X	X
Comió rápidamente.	X	X
Salió corriendo de la casa.	X	X	backbone
Llegó a la oficina a las 8:00.	X	X	(**la columna**)
Firmó el documento.	X	X
Salió para Lima.	X	X

   Verbs in the imperfect do not introduce new events into the story and therefore do not move the story line forward. The imperfect stops the story line to fill in descriptive details or to "flesh out" the story. Hence the reference to the imperfect as the flesh (**la carne**) of the story. Note how the imperfect adds details.

---

*This metaphor was devised and articulated by Dr. Ruth Westfall of the University of Texas at Austin.

Explicación gramatical   **145**

	FLESH (**LA CARNE**)	BACKBONE (**LA COLUMNA**)	FLESH (**LA CARNE**)
		Santiago se despertó temprano.	Era una mañana lluviosa.
		Comió rápidamente.	No tenía mucha hambre.
	Quería llegar temprano.	Salió corriendo de la casa.	Estaba un poco nervioso.
		Llegó a la oficina a las 8:00.	Su jefe lo esperaba.
	Temblaba un poco.	Firmó el documento.	Tenía que ser valiente.
		Salió para Lima.	

Notice how the imperfect refers to a time specified by the preterite story line.

- At the time he woke up, it was a rainy morning.
- At the time of eating, he wasn't very hungry.
- He ran from his house because he wanted to arrive early. At the time of leaving, he was feeling a little nervous.
- At the time of his arrival at the office, his boss was waiting for him.
- He was shaking at the time of signing the document, but he had to be brave.
- Then he left for Lima.

This metaphor can be very helpful as you create your own stories in the past, and it is also helpful in analyzing existing texts in Spanish. Read the following narrative. On a separate sheet of paper, indicate the **columna** and the **carne** found in the narration, using the previous example as a model.

Ayer pasé la mañana en el Louvre, chatito (me gusta mucho llamarte chatito, me hace pensar en tus padres, siento que soy de la familia) y estoy deslumbrada.[1] Cuando iba antes contigo Diego, escuchaba admirativamente, compartía tu apasionamiento porque todo lo que viene de ti suscita[2] mi entusiasmo, pero ayer fue distinto, sentí Diego y esto me dio una gran felicidad. Al salir del Louvre me dirigí a la Galería Vollard a ver los Cézanne y permanecí tres horas en su contemplación. Monsieur Vollard me dijo: «Je vous laisse seule»[3] y se lo agradecí. Lloré mientras veía los

---

[1]*dazzled* [2]*provokes* [3]Je... *I'll leave you alone (Fr.)*

cuadros, lloré también por estar sola, lloré por ti y por mí, pero me alivió llorar porque comprender, finalmente, es un embelesamiento[4] y me estaba proporcionando una de las grandes alegrías de mi vida.

[4]*delight*

This metaphor can also be very useful when you are reading a text in Spanish. If you are confused about what happened in a particular passage, try focusing only on the preterite verbs, so you get the backbone of the story. Each verb in the preterite accounts for the forward movement of the narrative.

2. Usage chart

Here is a brief summary of some of the more common uses of the preterite and the imperfect.

PRETERITE X	IMPERFECT ∿
a. completed action	a. progression of an action with no focus on beginning or end
Fui al concierto. Me **puse** furiosa y **decidí** irme. El picnic **terminó** cuando **empezó** a llover.	Lo **leía** con gran interés. **Dormía** tranquilamente. Mientras su padre **trabajaba,**…
b. completed actions in succession	b. habitual action
Se **levantó, comió** y **llamó** a Ana.	Siempre **comía** rápidamente.
c. completed action within a specific time period	c. description of physical and emotional states, including past opinions and desires
Estudié por dos horas anoche. **Vivió** cuatro años en Madrid.	El chico **era** alto y delgado. **Tenía** miedo de todo. **Quería** escaparse.
d. Summary or reaction statement	d. background information such as time, weather, and age
Fue un verano perfecto.	**Eran** las 2:00 de la tarde y ya **hacía** frío. En 1978, ella **tenía** 13 años.

3. Uses of the preterite: expansion

   a. *Completed action.* Completed actions may refer to events that happened and ended quickly: *Se sentó* **en el sillón y** *cerró* **los ojos.** They may refer to the beginning or end of an action: *Decidió* **investigarlo.** *Terminaron* **la investigación.** Or they may refer to actions that started and ended in the past: *Limpió* **la casa entera.**

b. *Completed actions in succession.* The preterite is used for a series of actions, in which one ended before the other began: *Tomó* **el desayuno**, *limpió* **la casa y** *cortó* **el césped** (*grass*). In this example, each action had a definite beginning and a definite end.

c. *Completed action within a specific time period.* The preterite is used to describe an event that took place within a closed interval of time: **Diego** *estudió* **en Monterrey por cuatro años.** (He studied there during a closed interval of time—four years.)

d. *Summary or reaction statement.* The preterite is also used in a summary statement or a reaction to a series of events packaged as a whole: **¿Qué tal la película? Me** *encantó.* **¡***Fue* **fenomenal!** (overall reaction to the movie as a whole); **¿Qué tal el viaje?** *Fue* **maravilloso.** (The whole trip was wonderful.)

4. Uses of the imperfect: expansion

a. *Progression of an action with no focus on the beginning or end.* The imperfect is used to express what was in the process of happening at a given moment of the story in the past.

Elena **preparaba** la comida mientras su esposo **bañaba** a los niños.	*Elena was preparing the meal while her husband was bathing the children.* (beginning and end of both actions not specified)

b. *Habitual action.* The imperfect is used to describe an activity that used to occur in the past when no definite length of time is mentioned.

Siempre **escuchaba** su música favorita en la sala.	*She always used to listen to her favorite music in the living room.* (habitual action)

c. *Description of physical and emotional states, including past opinions and desires.* The imperfect is also used to describe characteristic states in the past.

Llevaba un traje elegante. **Estaba** guapísimo, pero **estaba** muy nervioso.	*He wore an elegant suit. He was looking extremely handsome, but he was very nervous.* (description of his physical and mental states)
Quería aprender más…	*He wanted to learn more …* (His desire was ongoing in the past.)

d. *Background information such as time, weather, and age.* The imperfect is used to set the scene by giving background information.

Era una noche oscura.	*It was a dark night.* (background information)

- Note that the imperfect can also be used to refer to the future in a past statement.

Me dijo que **iba** a romper con Diego.	*She told me she was going to break up with Diego (in the near future).*
Afirmó que **venía** a la fiesta.	*He stated that he was coming to the party.*

5. How events take place in time

You may use the following symbols to help you remember the usage of the preterite and the imperfect in Spanish.

At a specific point in time
Decidió mudarse.
X

Continuous, in progress
De niño, **tocaba** el piano.
〜〜〜

Sequential
Hice las tortillas, **cené**
y **lavé** los platos.
X X X

Continuous, interrupted by another action
Me **bañaba** cuando **sonó** el teléfono.
〜〜X〜〜

C. Verbs with different meanings in the preterite and imperfect

The meanings of the following verbs change depending on whether they are used in the preterite or the imperfect.

	PRETERITE X	**IMPERFECT 〜〜〜**
conocer	*to meet* Por fin, los amigos **conocieron** a la madre de Javier. *Finally, the friends met Javier's mother.*	*to know, be acquainted with* Todos **conocían** la tienda de Diego. *Everyone was acquainted with Diego's store.*
saber	*to find out* **Supieron** la noticia. *They found out the news.*	*to know (facts)* **Sabían** que ella venía. *They knew that she was coming.*
poder	*to be able to (to try and to succeed)* **Pudieron** subir a la cima de la montaña. *They were able (tried and succeeded) to climb to the top of the mountain.*	*to be able to (no knowledge of attempt or success)* Dijo que **podía** bailar bien. *He said he could dance well. (no indication of attempt or success, only of his self-declared ability)*

PRETERITE X	IMPERFECT 〰〰
no poder	*to try but fail* **No pudo** traducirlo. *He couldn't (tried but failed to)* *translate it.*	*to be incapable of* **No podía** traducirlo. *He wasn't capable of translating it. (no* *indication of attempt or success)*
querer	*to try (but ultimately not achieve)* **Quisimos** comprarlo. *We tried to buy it (but weren't able to for* *some reason).*	*to want* **Queríamos** comprarlo. *We wanted to buy it.*
no querer	*to refuse* **No quiso** terminar. *She refused to finish.*	*not to want* **No quería** terminar. *She didn't want to finish.*
tener	*to receive* **Tuvo** dos cartas hoy. *He received two letters today.*	*to have* **Tenía** mucho tiempo libre. *He had a lot of free time.*
tener que	*to have to (and to do)* Laura **tuvo que** ir al médico. *Laura had to go (and went) to the doctor.*	*to have the obligation to* Estaba preocupada porque **tenía que** estudiar. *She was worried because she had (the* *obligation) to study.*
costar	*to cost, be bought for* El suéter **costó** 150 pesos. *The sweater cost (and I bought it for)* *150 pesos.*	*to cost, be available for* El abrigo **costaba** 500 pesos. *The coat cost (was priced at) 500 pesos.*

D. The present perfect and pluperfect

1. Formation

The present perfect and pluperfect tenses are formed by combining the auxiliary verb **haber** and the past participle (for a review of past participles, see Section C of **Descripción** [p. 132]). In contrast to the past participle used as an adjective, the past participle in these tenses never changes in number or gender.

PRESENT PERFECT		PLUPERFECT	
he vivido	**hemos** vivido	**había** hecho	**habíamos** hecho
has vivido	**habéis** vivido	**habías** hecho	**habíais** hecho
ha vivido	**han** vivido	**había** hecho	**habían** hecho

2. Usage

- The present perfect expresses an action that began in the past and has relevance to the present.

  ¡Qué sorpresa! Cristina **se ha casado** con el español.
  Los familiares de Cristina **han estado** muy preocupados por ella porque España está muy lejos.

- On the other hand, the pluperfect expresses an action that had already happened before another action took place in the past.

  El señor Arqueros ya **se había ido** para España cuando celebraron la boda.
  Cristina regresó a México porque su marido **se había muerto.**

E. Hace... que

1. To express that an action *has been going on* over a period of time and is still going on, use the phrase **hace** + *period of time* + **que** + *present tense.*

   —¿Cuánto tiempo **hace que estudias** aquí?
   —**Hace dos años que estudio** aquí.

   —*How long have you been studying here?*
   —*I've been studying here for two years.*

2. To express how long *ago* something happened, use the **hace... que** construction with the *preterite.*

   Hace dos años que fui a Lima.

   I went to Lima two years ago.

3. To express an action that *had been going on* prior to a past point in time, use the imperfect and **hacía** instead of **hace.**

   Hacía cinco años que no la **veía** cuando decidió llamarla.

   He hadn't seen her for five years when he decided to call her.

4. To express an action that *had already been completed* prior to a past point in time, use the pluperfect and **hacía** instead of **hace.**

   No lo podía creer —**hacía 25 años que había llegado** a Caracas.

   She couldn't believe it—she had arrived in Caracas 25 years earlier.

5. This type of construction may sometimes be used without the **que.**

   —¿Cuánto tiempo **hace que estudias** aquí?
   —**Hace dos años.**

   —*How long have you been studying here?*
   —*(I've been studying here for) Two years.*

   Recibimos la revista **hace un mes.**

   We received the magazine a month ago.

Hablar de los gustos

Expressing likes and dislikes in Spanish can be confusing to English speakers, since the verb **gustar** is not used in the same way as other verbs you have learned. Indirect object pronouns are a necessary element in the construction with **gustar,** so before it is explained, we will review (A) direct object pronouns, (B) the personal **a,** (C) indirect object pronouns, and (D) double object pronouns. Then (E) **gustar** and similar verbs will be reviewed.

A. Direct object pronouns

1. A direct object receives the action of a verb and answers the questions *whom?* or *what?* in relation to that action. Note the direct objects in the following examples.

Consiguió **el aumento.**

*He got the raise. (What did he get? **el aumento**)*

No vi a **Sara** anoche.

*I didn't see Sara last night. (Whom did I not see? **Sara**)*

2. A direct object pronoun, like a direct object noun, receives the action of the verb and answers the questions *whom?* or *what?* These pronouns take the place of their corresponding nouns to avoid unnecessary repetition. Here is a complete list of direct object pronouns in Spanish.

DIRECT OBJECT PRONOUNS			
me	*me*	nos	*us*
te	*you (fam., s.)*	os	*you (fam., pl., Sp.)*
lo/la	*you (form., s.)*	los/las	*you (form., pl.)*
lo	*him, it (m.)*	los	*them (m.)*
la	*her, it (f.)*	las	*them (f.)*

Third-person direct object pronouns should be used only after the direct object noun has been identified. That is, if it is already known that the conversation is about Sara, we can refer to her as *her* rather than say *Sara* each time she's mentioned.

3. Direct object pronouns are placed immediately before a conjugated verb.

(Consiguió **el aumento.**)
(No vi a **Sara** anoche.)
(No he hecho **la tarea** todavía.)

Lo consiguió ayer.
No **la** vi anoche.
No **la** he hecho* todavía.

There are only three exceptions to this rule. (See number 4.)

*Remember that the two elements that make up perfect tenses (a form of **haber** and the past participle) can never be separated. Accordingly, any pronouns that accompany a perfect tense verb will always appear before the conjugated form of **haber.**

4. Direct object pronouns *may* be attached to an infinitive and to the progressive form, but *must* be attached to *affirmative* commands.

Debe conseguir**lo.** = **Lo** debe conseguir.
No quería ver**la** anoche. = No **la** quería ver anoche.
Está preparándo**lo.** = **Lo** está preparando.
Prepáre**lo.** *but* No **lo** prepare.

   Remember that when you attach a pronoun to a progressive form or affirmative command, a written accent is used to keep the original stress of the word: preparando → preparándolo.

5. The following verbs are commonly associated with direct objects and direct object pronouns.

admirar	conocer	invitar	querer
adorar	conseguir	llamar	ver
ayudar	escuchar*	mirar	visitar
buscar*	esperar*	necesitar	

B. The personal a

In Spanish, the word **a** precedes the direct object of a sentence when the direct object refers to a specific person or personified thing. Indefinite pronouns that refer to people, such as **alguien, nadie,** and **quien,** are also preceded by the personal **a.** There is no equivalent for the personal **a** in English. Note the following examples in which the personal **a** is used.

Sara buscó **a** Javier.   (*a specific person*)
Perdí **a** mi perro en el mercado.   (*an animal that is close to you*)
Tenemos que defender **a** nuestro país.   (*a personification of one's country*)
¿**A** quién llamaste?   (*the* whom *refers to a person*)
No llamé **a** nadie.   (**alguien** *and* **nadie** *always take the personal* **a** *when they are direct objects*)
but   Busco un tutor nuevo.   (*No personal* **a** *is used since the direct object is not a specific person.*)

C. Indirect object pronouns

1. Like a direct object, an indirect object also receives the action of a verb, but it answers the questions *to whom?* or *for whom?* the action is performed.

Sergio **le** escribió a **Sara.**   *Sergio wrote to Sara.* (To whom *did Sergio write?* **a Sara**)

No **les** mandó el cheque.   *He didn't send them the check.* (To whom *did he not send the check?* **a ellos**)

---

*Note that **buscar** means *to look for,* **escuchar** means *to listen to,* and **esperar** means *to wait for.* The *to* and *for* that are part of the expression in English are simply part of the verb itself in Spanish, so the object pronoun used with the verb is a direct object pronoun, not the pronoun object of a preposition.

2. Review the following chart of indirect object pronouns. Note that indirect object pronouns have the same form as direct object pronouns except in the third-person singular and plural, represented by **le** and **les**, respectively.

INDIRECT OBJECT PRONOUNS			
me	*to me, for me*	nos	*to us, for us*
te	*to you, for you (fam., s.)*	os	*to you, for you (fam., pl., Sp.)*
le	*to you, for you (form., s.)*	les	*to you, for you (form., pl.)*
le	*to him, for him*	les	*to them, for them (m.)*
le	*to her, for her*	les	*to them, for them (f.)*

3. The placement rules for indirect object pronouns are the same as those for direct object pronouns.

Laura **me** dio su número.
Laura va a dar**me** su número. = Laura **me** va a dar su número.
Laura está buscándo**me**. = Laura **me** está buscando.
Da**me** tu número. *but* No **me** des tu número.

4. Because **le** and **les** have several equivalents, their meaning is often clarified with the preposition **a** followed by a noun or pronoun. **¡OJO!** Although the clarifying noun or pronoun is often optional, indirect object pronouns are not.

Sergio **le** escribió (**a Sara**).	*Sergio wrote to Sara.*
Diego **les** prepara una buena sopa (**a Uds.**).	*Diego is preparing a good soup for you.*
Va a mandar**le** la receta (**a ella**).	*He's going to send her the recipe.*

5. When trying to figure out whether to use a direct or an indirect object pronoun, if you can answer the question *to whom* or *for whom*, you know that the indirect pronoun **le** or **les** is required.

I help her every day.	Do you say "I help to her" or "I help for her"? No, so you use the direct object pronoun **la**, which answers the question *whom do I help?* not *to whom do I help?*: **La** ayudo cada día.
I send him letters often.	Do you say "I send letters to him often"? Yes, so you use the indirect object pronoun **le**, which answers the question *to whom do I send letters?*: **Le** mando cartas a menudo.

6. The following verbs are commonly associated with indirect objects and indirect object pronouns.

dar	hablar	preguntar	regalar
decir	mandar	prestar	servir
escribir	ofrecer	prometer	traer
explicar	pedir	recomendar	

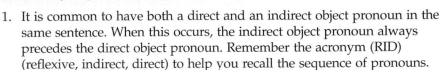

D. Double object pronouns

1. It is common to have both a direct and an indirect object pronoun in the same sentence. When this occurs, the indirect object pronoun always precedes the direct object pronoun. Remember the acronym (RID) (reflexive, indirect, direct) to help you recall the sequence of pronouns.

Sara **nos los** regaló.	*Sara gave them to us.*
Diego **me la** prestó.	*Diego lent it to me.*
Javi quiere dár**mela**.	*Javi wants to give it to me.*

2. When both the indirect and direct object pronouns begin with the letter *l* (such as **le lo** or **les la**), the indirect object pronoun always changes to **se.**

Laura **le** compró **unas galletas.** → Laura **se las** compró.
Estoy trayéndo**les los libros.** → Estoy trayéndo**selos.**

Because **se** can mean **le** or **les,** easily standing for any number of referents—*to him, to her, to you* (singular or plural), *to them*—it is often necessary to clarify its meaning by using **a** plus a noun or pronoun.

Laura **se las** compró **a Sara.**	*Laura bought them for Sara.*
Estoy trayéndo**selos a Uds.**	*I'm bringing them to you.*

E. Gustar and similar verbs

1. As you have learned in your prior Spanish studies, **gustar** means *to please* or *to be pleasing.* Thus, the subject of sentences with **gustar** and similar verbs is the person or thing that is pleasing, not the person to whom it is pleasing. Sentences with **gustar** and similar verbs use the following formula.

INDIRECT OBJECT PRONOUN	+	*GUSTAR*	+	SUBJECT
me nos		**gusta**		*infinitive* (comer)
te os	+	**gusta**	+	(*article*) *singular noun* (el café)
le les		**gustan**		(*article*) *plural noun* (los tacos)

¿**Te gusta** cantar?	*Is singing pleasing to you? (Do you like singing / to sing?)*
Les gustó mucho la película.	*The movie was very pleasing to them. (They liked the movie a lot.)*
Me gustan los libros de Stephen King.	*Stephen King's books are pleasing to me. (I like Stephen King's books.)*

2. Note that subject pronouns are not generally used before the **gustar** construction. The most frequent mistake that students make with this

construction is to forget that the person to whom something is pleasing is not the subject of the sentence. Note the following examples.

Incorrect: Ana le gustó el gato.
Correct: **A** Ana le gustó el gato. (**El gato** is the subject of the sentence, not **Ana:** *The cat was pleasing to Ana.*)

He likes those cookies.	= A él **le gustan** esas galletas. (*Those cookies* [plural] *are pleasing to him* [**le**].)
Sergio and Diego like fried fish.	= A Sergio y a Diego **les gusta** el pescado frito. (*Fried fish* [singular] *is pleasing to them* [**les**].)

3. Here are some other verbs that use the same construction as **gustar.** Note in all examples that the verb matches the person or thing that is interesting, delightful, fascinating, and so on.

VERBOS COMO *GUSTAR*	
aburrir (*to bore*)	Me aburren las películas lentas.
asustar (*to frighten*)	Le asustan las películas de horror a mi hermana.
caer bien/mal (*to like/dislike someone*)	El nuevo profesor me cae muy bien.
convenir (*to be beneficial / a good idea*)	Te conviene estudiar esta lección.
dar asco (*to disgust; to turn one's stomach*)	Me dan asco las cucarachas.
dar ganas de (*to give the urge*)	—Ver ese anuncio me da ganas de llamar por una pizza ahora mismo.
dar igual (*to be all the same; not to matter*)	—¿Quieres salir ahora? —Me da igual.
disgustar (*to dislike*)	—¡Fuchi! (*Yuck!*) Me disgusta la pizza.
encantar (*to delight*)	—Pues, a mí me encanta la pizza.
fascinar (*to fascinate*)	A Javi le fascina todo tipo de música.
fastidiar (*to annoy; to bother*)	Te fastidian las personas tacañas, ¿verdad?
importar (*to matter*)	A Juan Carlos no le importa el precio.
interesar (*to interest*)	¿Te interesan las noticias internacionales?
molestar (*to annoy; to bother*)	¿Te molesta si fumo?
preocupar (*to worry*)	Me preocupa que la profesora nos dé una prueba mañana.
sorprender (*to surprise*)	Nos sorprende su actitud tan liberal.

Hacer hipótesis

In this section, you will review how to express hypothetical situations. Hypothetical situations express what you or someone else would do given certain circumstances: *If I were president of the United States, I would first look for a diplomatic resolution to the conflict.* To form such hypothetical situations in Spanish, you will need to review (A) the past subjunctive, (B) the conditional, and (C) the various rules that govern the formation and use of hypothetical situations.

A. Past subjunctive and sequence of tenses

1. Past subjunctive

    For a review of the formation of the past subjunctive, see the section on **Reacciones y recomendaciones** (pp. 136–143).

2. Sequence of tenses

    Remember that, if the main clause is in the past (and fits one of the WEIRDO categories), the subordinate clause will contain the past subjunctive.

    Es importante que el patrón **trate** bien al pongo.
    Era importante que el patrón **tratara** bien al pongo.

    San Francisco **dice** que **venga** un ángel hermoso para atender al patrón.
    San Francisco **dijo** que **viniera** un ángel hermoso para atender al patrón.

B. The conditional

1. The conditional tense (*I would* go, I would speak,* and so on) of regular verbs is formed by adding the conditional endings to the entire infinitive of the verb. Note that the endings are the same for all **-ar,** **-er,** and **-ir** verbs. Here are some regular verbs in the conditional.

FORMATION OF THE CONDITIONAL					
VIAJAR		**BEBER**		**DORMIR**	
viajar**ía**	viajar**íamos**	beber**ía**	beber**íamos**	dormir**ía**	dormir**íamos**
viajar**ías**	viajar**íais**	beber**ías**	beber**íais**	dormir**ías**	dormir**íais**
viajar**ía**	viajar**ían**	beber**ía**	beber**ían**	dormir**ía**	dormir**ían**

---

*When communicating the English idea of *would* in Spanish, you need to be careful. If *would* refers to a conditional action, often the result of a hypothetical situation, use the conditional.

Iría **si no tuviera que trabajar.**   *I would go* if I didn't have to work.

However, if *would* refers to a habitual action that used to occur in the past, use the imperfect.

Iba **a la playa todos los días.**   *I would go* (I used to go) to the beach every day.

2. Irregular verbs in the conditional have slightly different stems but take the same endings as regular ones. The twelve irregular verbs can be grouped into the following three categories.

SHORTENED STEMS

decir: dir- → diría, dirías, diría,...
hacer: har- → haría, harías, haría,...

-e- REMOVED FROM THE INFINITIVE

caber:* cabr- → cabría, cabrías, cabría,...
haber: habr- → habría, habrías, habría,...
poder: podr- → podría, podrías, podría,...
querer: querr- → querría, querrías, querría,...
saber: sabr- → sabría, sabrías, sabría,...

-dr- ADDED TO THE STEM

poner: pondr- → pondría, pondrías, pondría,...
salir: saldr- → saldría, saldrías, saldría,...
tener: tendr- → tendría, tendrías, tendría,...
valer: valdr- → valdría, valdrías, valdría,...
venir: vendr- → vendría, vendrías, vendría,...

C. Hypothesizing

1. A major component of expressing hypothetical situations is wondering "what if?". In this section, you will work with two types of *if* clauses: (1) those that represent a probable situation that is likely to happen or that represent a habitual action and (2) those that represent situations that are hypothetical or contrary to fact. Note the following examples.

   (1) Si estudio, recibiré una «A». (*there's still time for this to happen*)
   Si estoy preocupado, hablo con mi mejor amiga. (*habitual*)

   (2) Si **estuviera** en México, **visitaría** las ruinas mayas. (*I'm not in Mexico, so the statement is contrary to fact*)

2. Here are some formulas that use *if* clauses.

   si + *present indicative* + *future* or *present* = probable or habitual

Si el niño **sale** ahora, no **llegará** tarde a la escuela.	*If the boy leaves now, he won't be late to school.* (probable)
Siempre **pasa** por la dulcería si **tiene** tiempo.	*He always stops at the candy store if he has time.* (habitual)

   si + *past subjunctive* + *conditional* = hypothetical (contrary to fact):

Si **ganaran** la lotería, las viejitas no **tendrían** que pedir limosnas.	*If they won the lottery, the old women wouldn't have to ask for charity.* (hypothetical)

*****caber** = to fit

Si el mundo **fuera** más justo, el niño no **tendría** que cerrar los ojos e imaginarse un mundo mejor.

If the world were more fair, the boy wouldn't have to close his eyes and imagine a better world. (contrary to fact: the world isn't fair)

3. To express hypothetical, contrary-to-fact situations about the past, use the following formula.

si + *pluperfect subjunctive* + *conditional perfect* = hypothetical (contrary to fact)

Si yo **hubiera sido** el niño, **habría salvado** al raton.

If I were the boy, I would have saved the rat. (hypothetical, contrary to fact: I am not the boy)

Si el niño **hubiera sido** más valiente, **habría salvado** al ratón.

If the boy had been braver, he would have saved the rat. (hypothetical, contrary to fact: the boy wasn't brave)

Hablar del futuro

As you know, the **ir** + **a** + *infinitive* construction is often used to express future actions and states, usually with regard to the immediate future. Spanish also has a future tense with its own set of endings. In this section, you will review (A) the future tense, (B) another use of the future tense: the future of probability, and (C) talking about pending future actions by using the subjunctive in adverbial clauses.

FUTURO

A. The future tense

1. The future tense, like the conditional (see the section on **Hacer hipótesis** [pp. 157–159]), is easy to form, adding future endings to the infinitive for regular forms.

FORMATION OF THE FUTURE					
ESCUCHAR		**COMER**		**VIVIR**	
escuchar**é**	escuchar**emos**	comer**é**	comer**emos**	vivir**é**	vivir**emos**
escuchar**ás**	escuchar**éis**	comer**ás**	comer**éis**	vivir**ás**	vivir**éis**
escuchar**á**	escuchar**án**	comer**á**	comer**án**	vivir**á**	vivir**án**

2. The same twelve verbs that are irregular in the conditional are also irregular in the future; their stems have the same irregularities as in the conditional, and their endings are regular.

decir: **dir**- → di**r**é, di**r**ás, di**r**á, ...
hacer: **har**- → ha**r**é, ha**r**ás, ha**r**á, ...

-e- REMOVED FROM THE INFINITIVE

caber: cab**r**- → cab**r**é, cab**r**ás, cab**r**á, ...
haber: hab**r**- → hab**r**é, hab**r**ás, hab**r**á, ...

poder: pod**r**- → pod**r**é, pod**r**ás, pod**r**á, ...
querer: que**rr**- → que**rr**é, que**rr**ás, que**rr**á, ...
saber: sab**r**- → sab**r**é, sab**r**ás, sab**r**á, ...

-dr- ADDED TO THE STEM

poner: pon**dr**- → pon**dr**é, pon**dr**ás, pon**dr**á, ...
salir: sal**dr**- → sal**dr**é, sal**dr**ás, sal**dr**á, ...
tener: ten**dr**- → ten**dr**é, ten**dr**ás, ten**dr**á, ...
valer: val**dr**- → val**dr**é, val**dr**ás, val**dr**á, ...
venir: ven**dr**- → ven**dr**é, ven**dr**ás, ven**dr**á, ...

B. The future of probability

The future can also be used to express probability or to conjecture about what is happening now. This can be tricky for speakers of English, because the English words and phrases used to indicate probability, such as *must, probably, wonder,* and so on, are not directly expressed in Spanish.

—¿Dónde **estará** Rosamunda?   —*I wonder where Rosamunda is.*
                                     (*Where could Rosamunda be?*)

—**Tendrá** 50 años.   —*She's probably 50 years old.*

C. Using the subjunctive in adverbial clauses

It is important to remember that talking about future events often requires adverbial phrases (conjunctions) that refer to some pending time in the future or in the past. Here you will concentrate on two groups of frequently used conjunctions. The first group (A SPACE) denotes contingency, or actions that are contingent upon the completion of other actions, and the second group (THE CD) contains conjunctions of time. A SPACE conjunctions are always followed by the subjunctive (present or past). Use indicative after THE CD conjunctions if the action is habitual or completed (present or past indicative), and use subjunctive if the action is pending or has not yet materialized (present or past subjunctive).

A SPACE		THE CD	
antes de que		**t**an pronto como	
sin que		**h**asta que	
para que	always take subjunctive	**e**n cuanto	take indicative or subjunctive
a menos que			
con tal (de) que		**c**uando	
en caso de que		**d**espués de que	

Toda la familia se despidió de Cristina **antes de que** ella **saliera** para España.

María no quería hablar con Néstor **sin que** él **avisara** al jefe que no iba al trabajo.

El niño les dio dinero a las viejecitas **para que pudieran** comprar algo de comer.

A doña Rosa no le gustan los clientes **a menos que paguen** la cuenta.

Momboñombo dijo que estaría feliz **con tal (de) que** el presidente **dejara** entrar a los buzos en el nuevo basurero.

El Sr. Pasamano pidió comida exótica **en caso de que** el presidente **viniera** al banquete.

THE CD (INDICATIVE OR SUBJUNCTIVE)

Rosamunda se pone triste **tan pronto como piensa** en su hijo muerto. (*habitual in present: present indicative*)

Rosamunda y el soldado tomarán café **tan pronto como lleguen** a la estación. (*pending in future: present subjunctive*)

Los dos hablaron **hasta que** el tren **llegó** al pueblo de Rosamunda. (*completed action: past indicative*)

Hasta que su esposo no le **pida** perdón, Rosamunda no volverá a casa. (*pending in future: past subjunctive*)

En cuanto llegaron a una estación, el soldado la invitó a un café. (*completed action: past indicative*)

Los pasajeros se despertarán **en cuanto llegue** el tren al sur. (*pending in future: present subjunctive*)

Cuando Rosamunda **llegó** a su asiento, se durmió en seguida. (*completed action: past indicative*)

Cuando llegue a casa, el soldado les contará a sus amigos sobre la mujer rarísima que conoció en el tren. (*pending in future: present subjunctive*)

Rosamunda regresó a la gran ciudad **después de que** su hijo **murió.** (*completed action: past indicative*)

Rosamunda será feliz **después de que** todos **reconozcan** su talento. (*pending in future: present subjunctive*)

- Note that without the word **que,** the phrases **después de, antes de, para,** and **sin** become prepositions and are therefore followed by the infinitive.

Rosamunda se quedó hipnotizada **después de ver** el profundo verde de los árboles.

Antes de empezar su historia, Rosamunda recitó un poema.

Para no ofenderla, el soldado escuchó la historia increíble de Rosamunda.

Rosamunda se casó **sin saber** lo que hacía.

Referencia de gramática

LOS OTROS PUNTOS GRAMATICALES

A. Reflexive and reciprocal pronouns

1. Reflexive verbs usually express an action that one does to or for one-self. In English, this is understood but not always stated. Here are some of the more common reflexive verbs in Spanish.

acostarse (ue)	*to go to bed*	entristecerse	*to become sad*
afeitarse	*to shave*	levantarse	*to get up; to stand up*
alegrarse	*to become happy*	llamarse	*to be called*
asustarse	*to become afraid*	perderse	*to get lost*
bañarse	*to bathe*	ponerse	*to put on (clothing)*
deprimirse	*to get depressed*	preocuparse	*to become worried*
despertarse (ie)	*to wake up*	quitarse	*to take off (clothing)*
divertirse (ie, i)	*to have a good time*	reírse (i, i)	*to laugh*
ducharse	*to take a shower*	sentarse (ie)	*to sit down*
enfermarse	*to get sick*	vestirse (i, i)	*to get dressed*
enojarse	*to become angry*		

- Note that the reflexive pronouns attached to these infinitives change to correspond with the subject performing the action.

me baño	**nos** bañamos
te bañas	**os** bañáis
se baña	**se** bañan

- The placement of reflexive pronouns is the same as that of direct and indirect object pronouns. (See the discussion of direct object pronouns in the section on **Hablar de los gustos** [pp. 151–155].)

  Tienes que bañar**te** ahora. = **Te** tienes que bañar ahora.
  Los niños están bañándo**se**. = Los niños **se** están bañando.

2. The plural reflexive pronouns **nos, os,** and **se** can be used to express reciprocal actions that are expressed in English with *each other* or *one another*.

Nos queremos.	*We love each other.*
¿**Os** ayudáis?	*Do you help one another?*
Se admiran.	*They admire each other.*

3. Reflexive verbs may cease to be reflexive and instead take direct objects when the action is done to someone else.

acostar	to put (someone else) to bed	acostarse	to go to bed

A las 7:00 Marta **acuesta** a sus hijos.
Ella no **se acuesta** hasta las 11:30.

levantar	to raise, pick up; to lift	levantarse	to get up; to stand up

Rosa no puede **levantar** a su hijo porque es muy grande.
Rosa **se levanta** a las 7:00, pero no **nos levantamos** hasta las 8.00.

- Some verbs can also change their meaning when a reflexive pronoun is added.

dormir	to sleep	dormirse	to fall asleep

No **duermo** bien cuando bebo mucho.
Me duermo en clase cuando bebo mucho la noche anterior.

poner	to put, place; to turn on	ponerse	to put on (clothing)

Mi compañero de cuarto **pone** el aire acondicionado muy bajo.
Por eso tengo que **ponerme** un suéter aunque estamos en agosto.

B. Prepositions and verbs that take prepositions

1. The only verb form that can follow a preposition is the infinitive.

a	to; at	durante	during
antes de	before	en	in; on; at
con	with	hasta	until
de	of; from	para	for; in order to
después de	after	por	for; because of

¿Qué haces **para aprender** el vocabulario?
¿Lees **antes de dormir?**
¿Qué te gusta hacer **después de tomar** un examen?

2. Many verbs are accompanied by a preposition when preceding an infinitive (*inf.*) and/or a noun (*n.*). Here are some of the more common verbs of this type.

VERBS ACCOMPANIED BY **A**

acostumbrarse a + *inf.* or *n.*	ayudar a + *inf.*	enseñar a + *inf.*
adaptarse a + *inf.* or *n.*	comenzar (ie) a + *inf.*	invitar a + *inf.* or *n.*
animarse a + *inf.*	dedicarse a + *inf.* or *n.*	parecerse a + *n.*
aprender a + *inf.*	empezar (ie) a + *inf.*	volver (ue) a + *inf.** or *n.*

---

*The phrase **volver a** + *infinitive* means *to do something again.*

Espero otros cinco minutos. Si no llega, vuelvo a llamarlo.
I'll wait another five minutes. If he doesn't arrive, I'll call him again.

casarse con + *n.*	contar (ue) con + *inf.* or *n.*	enfrentarse con + *n.*
chocar con + *n.*	cumplir con + *n.*	soñar (ue) con + *inf.* or *n.*

acabar de + *inf.*	despedirse (i, i) de + *n.*	encargarse de + *inf.* or *n.*
acordarse (ue) de + *inf.* or *n.*	disfrutar de + *n.*	enterarse de + *n.*
aprovecharse de + *n.*	divorciarse de + *n.*	olvidarse de + *inf.* or *n.*
depender de + *n.*	enamorarse de + *n.*	tratar de + *inf.*

basarse en + *inf.* or *n.*	consistir en + *inf.* or *n.*	fijarse en + *inf.* or *n.*
confiar en + *inf.* or *n.*	entrar en* + *n.*	insistir en + *inf.*

disculparse por + *inf.* or *n.*	optar por + *inf.* or *n.*	preocuparse por + *inf.* or *n.*

3. Two verbs require **que** before an infinitive.

Hay que salir temprano.   **Tiene que** aumentar los sueldos.

C. Saber and conocer

1. **Saber** means *to know facts* or *pieces of information*. When followed by an infinitive, **saber** means *to know how to do something*.

No **saben** la dirección del jefe.   *They don't know the boss's address.*
¿**Sabes** usar esa máquina?   *Do you know how to use that machine?*

2. **Conocer** means *to know* or *to be acquainted* (*familiar*) *with* a person, place, or thing. It can also mean *to meet*. Note that the personal **a** is used before mention of a specific person.

Conocemos un café muy agradable.   *We know (are familiar with) a very pleasant café.*
¿Quieres **conocer** a mis padres?   *Do you want to meet my parents?*
No **conozco** a la dueña.   *I don't know the owner.*

D. Relative pronouns

Relative pronouns are used to join two simple sentences into one complex sentence. In the following example, the relative pronoun **que** replaces the repeated element in the second simple sentence (**El libro...**), thus forming one complex sentence.

Diego necesita **el libro. El libro** tiene información sobre la artesanía boliviana.
Diego necesita **el libro que** tiene información sobre la artesanía boliviana.

---

*Some native speakers use the preposition **a** instead of **en** after the verb **entrar**.

1. The pronoun **que** refers to things and people and expresses *that; which; who.*

Tengo el libro **que** querías.	*I have the book (that) you wanted.*
Es una persona **que** sabe mucho.	*He's a person who knows a lot.*

2. The pronoun **quien(es)** refers only to people, *may* be used in a non-restrictive clause,* and *must* be used after a preposition or as an indirect object to express *who or whom.*[†]

Sara, **quien** es de España, vive en Austin.	*Sara, who is from Spain, lives in Austin.*
El chico **con quien** ella se quedaba es rico.	*The guy with whom she stayed is rich.*
El jefe, **a quien** no le gustan las fiestas, está allí.	*The boss, who doesn't like parties, is there.*

3. The pronouns **que** and **quien(es)** are the preferred choice in the Spanish-speaking world for informal speech. In writing and more formal speech situations, however, many native speakers prefer to use a set of compound relative pronouns after a preposition or to introduce a nonrestrictive clause. These compound relative pronouns are **el/la/los/las que** and **el/la/los/las cual(es)** and are used to express *that, which,* or *who/whom.* There is usually no semantic difference between the **que** or **cual** variants of these pronouns; the choice is a matter of personal preference.

Esa artesanía boliviana, **la que** buscaba Diego, es hermosa.	*Those Bolivian handicrafts, the ones that Diego was looking for, are beautiful.*
El cine **al cual** van está en el centro.	*The movie theater to which they are going is downtown.*

   Additionally, the **el/la/los/las que** set can appear at the beginning of a sentence when the subject that the pronoun is replacing is already known or implied. In this case, these pronouns express *the one(s) that.*

La que me gustó más fue la falda verde.	*The one that I liked most was the green skirt.*

4. **Lo cual** refers to a concept or idea, will almost always appear in the middle of sentence, and expresses *which.*

El examen fue difícil, **lo cual** nos sorprendió.	*The exam was difficult, which surprised us.*

5. **Lo que** refers to a concept or idea. It is commonly used at the beginning of a sentence, but may also appear in the middle, to express *what* or *that which.*

---

*A nonrestrictive clause is a clause embedded in a complex sentence and is usually set off by commas. These embedded elements represent afterthoughts or asides that can be removed without changing the fundamental meaning of the sentence. In nonrestrictive clauses that refer to people, either **que** or **quien(es)** may be used. However, many native speakers prefer to use **quien(es)** in all such cases.

[†]**Quien(es)** can be used as a direct object, but most native speakers omit the **a quien(es)** and introduce the embedded element with **que**, especially in informal speech. **La mujer a quien vimos en la tienda era muy alta.** → **La mujer que vimos en la tienda era muy alta.**

Lo que no quiero es meterme en más líos.	*What I don't want is to get into more trouble.*
Eso es **lo que** te dije.	*That's what I told you.*

6. **Cuyo/a/os/as** is a possessive relative pronoun and is used like its English equivalent, *whose.* Note that it agrees in number and gender with the person or thing possessed.

El niño **cuyos** padres se marcharon está llorando.	*The child whose parents left is crying.*
La dueña **cuyo** negocio fracasó quiere empezar de nuevo.	*The owner whose business failed wants to start again.*

7. **Donde** can be used as a relative pronoun to express *where.*

Necesito trabajar en un lugar **donde** haya silencio absoluto.	*I need to work in a place where there is absolute silence.*

E. Por and para

The Spanish prepositions **por** and **para** both mean *for.* Each has additional meanings, however, some of which are presented here.

1. Uses of **por**

by, by means of	Vamos **por tren.***
	Debemos hablar **por teléfono** primero.
through, along	Caminamos **por el parque** y **por la playa.**
during, in (time of day)	Nunca estudio **por la mañana.**
because of, due to	Estoy nerviosa **por la entrevista.**
for = in exchange for	Piden $55 **por el libro.**
	Gracias **por todo.**
for the sake of	Quiero hacerlo **por ti.**
for = duration (often omitted)	Vivieron en España (**por**) **cuatro años.**
per	Hay dos premios **por** grupo.

- In addition, **por** is used in a number of phrases, some of which are included here.

por ejemplo	*for example*
por eso	*that's why, therefore*
por favor	*please*
por fin	*finally*
por lo general	*generally, in general*
por lo menos	*at least*
por si acaso	*just in case*
¡por supuesto!	*of course!*

---

*Many native speakers prefer using the preposition **en** instead of **por** with modes of transportation: **en avión, en bicicleta, en coche,** and so on.

2. Uses of **para**

in order to	Vienen a las 2:00 **para pintar** el cuarto.
for = destined for	El regalo es **para mi esposa.**
for = by (deadline, specified future time)	**Para mañana,** debe tenerlo listo.
for = toward, in the direction of	Salió **para Bolivia** ayer.
for = to be used for	Es **para guardar** la ropa.
for = as compared with others, in relation to others	**Para ellos,** no es importante. **Para (ser) tan joven,** es muy maduro.
for = in the employ of	Trabajan **para IBM** ahora.

F. Using the subjunctive in adjective clauses

An adjective clause describes a preceding noun. In the following example, the relative pronoun **que** introduces an adjective clause that describes what type of place doña Rosa's café is.

> El café de doña Rosa es un lugar **que atrae a gente diversa.**

Adjective clauses can also be introduced by **donde** if they describe a place, in the same way that the relative pronoun *where* is used in English.

> Hay una mesa en el café de doña Rosa **donde siempre se siente** don José.

Note that the indicative (**atrae, siento**) is used in the adjective clause of the two preceding sentences. This is because the speaker is expressing an opinion or fact based on previous experience with the noun that each adjective clause describes (**un lugar** and **una mesa en el café de doña Rosa**). In the speaker's mind, doña Rosa's café attracts a diverse mix of clients, and his or her special table exists.

1. When an adjective clause describes something of which the speaker has no prior knowledge (in other words, an unspecified or unknown person, place, or thing), the subjunctive is used in the adjective clause.

UNSPECIFIED OR UNKNOWN NOUN [−KNOWLEDGE] (SUBJUNCTIVE)	SPECIFIC OR KNOWN NOUN [+KNOWLEDGE] (INDICATIVE)
Necesito una clase que **empiece** antes de las 11:00.	Tengo una clase que **empieza** antes de las 11:00.
Buscamos un café que **sirva** café turco.	Buscamos el café que **sirve** café turco.
Busco un empleado* que **hable** español y chino.	Busco a la empleada* que **habla** español y chino.
Busco a alguien* que **juegue** al tenis bien.	Conozco a la persona* que **juega** bien.

---

*The personal **a** is not used with direct objects that refer to unspecified or unknown persons. However, remember that **alguien** and **nadie,** when used as direct objects, are always preceded by the personal **a.**

2. When the noun described by the adjective clause is part of a negative expression, the subjunctive is used in the adjective clause because, in effect, it is describing something that does not exist in the speaker's mind.

NEGATIVE EXPRESSION [−EXISTENCE] (SUBJUNCTIVE)	AFFIRMATIVE EXPRESSION [+EXISTENCE] (INDICATIVE)
No hay nadie en mi clase que **fume.**	Hay varios estudiantes en mi clase que **fuman.**
No conozco ningún hotel por aquí que **tenga** precios bajos.	Conozco un hotel por aquí que **tiene** precios bajos.

3. When a noun and the adjective clause describing it are part of a yes-or-no question, the subjunctive is used in the adjective clause because the speaker is uncertain whether the noun exists. (That's why the speaker is posing the question in the first place!) In answering such questions affirmatively, of course, the indicative is used; the subjunctive is used in answering them negatively.

YES-OR-NO QUESTION [−EXISTENCE] (SUBJUNCTIVE)	AFFIRMATIVE ANSWER [+EXISTENCE] (INDICATIVE)
¿Hay alguien aquí que **sepa** la dirección?	Sí, Marta la **sabe.**
¿Tienes un bolígrafo que me **prestes?**	Sí, aquí **tienes** uno.

YES-OR-NO QUESTION [−EXISTENCE] (SUBJUNCTIVE)	NEGATIVE ANSWER [+EXISTENCE] (SUBJUNCTIVE)
¿Hay una tienda por aquí donde **vendan** jamón serrano?	No, no hay ninguna tienda por aquí que **venda** jamón serrano.
¿Conoce Ud. a alguien que **hable** ruso?	No, no conozco a nadie que **hable** ruso.